Macro proceso de selección de contratistas

Iván Pinzón Amaya

Dedicatoria

A la memoria de:
José mi padre, autodidacta, tolerante, innovador y soñador
Guido Mauricio mi hijo, joven, sereno, profundo y carismático
Andrea mi ángel, sueño de vida que Dios quiso con él, muy
temprano
Jairo mi hermano, conciliador y promotor de paz

Agradecimientos

Mi movilidad por varias empresas y la prolongada experiencia profesional me han permitido conocer de cerca y percibir el Abastecimiento como aglutinante de una pasión compartida con amigos, compañeros, colaboradores, jefes, colegas, profesores, alumnos y consultores.

La memoria es frágil y por otro lado citarlos a todos se haría interminable, pero me acompaña la certeza que en su momento a todos y cada uno de ellos expresé   mi complacencia y agradecimiento por sus comentarios, preguntas, observaciones, guías y sugerencias que me han permitido articular mis principios y fundamentos sobre el tema.

Contenido

Introducción

Muy seguramente, la necesidad de contratar de manera continuada la construcción de Obras Públicas, obligó a las empresas del Estado a desarrollar sus propios métodos y procedimientos para seleccionar contratistas que llevaran a cabo estudios, proyectos, obras, servicios, etc., todo bajo la tutela de la contratación administrativa.

Es posible que la empresa privada en términos generales, a diferencia de la contratación administrativa no maneje de manera individual proyectos de gran magnitud, pero en cambio enfrenta el reto de satisfacer una amplia gama de necesidades de contratación con múltiples posibilidades de riesgos.

Las Empresas Privadas han desarrollado esfuerzos aislados, buscando disponer de herramientas administrativas estructuradas específicamente para atender necesidades propias del sector, no obstante existe aún un buen espacio de mejora para que pueda hablarse de un resultado satisfactorio a nivel general.

Con el aporte y participación de talento local en Colombia se vienen haciendo los ajustes necesarios para poner en práctica técnicas de contratación ajustadas a las restricciones y limitaciones propias de nuestro medio, implantando de paso prácticas foráneas que con el transcurso del tiempo han demostrado sus ventajas y beneficios; aspectos como por ejemplo, el de la HSE han adquirido especial importancia para nuestros contratistas, quienes empiezan a darle un lugar de preferencia en la concepción de sus obras y servicios. Será necesario en el futuro cercano dedicar especial atención a temas relativamente nuevos como la Responsabilidad Social Empresarial que está evolucionado hacia la Creación de Valor Compartido y como las Compras Verdes.

Necesariamente un tema tan amplio implica que muchos tópicos solo se toquen marginalmente en este libro, buscando identificar aspectos; aislar situaciones o llamar la atención sobre asuntos cuyos análisis requieren sin lugar a dudas del aporte de especialistas; tal puede ser el caso de la asistencia jurídica en el manejo de reclamos.

Algunos temas aunque no necesariamente novedosos, han tenido una difusión restringida en nuestro medio como son: los planes de incentivos, la retroalimentación a los oferentes no favorecidos; éste último permitiría mejorar considerablemente las relaciones entre contratantes y contratistas, si se manejara como buena práctica de la Empresa. Poco a poco por ejemplo la evaluación de desempeño de contratistas y proveedores, empieza a reconocerse como una herramienta de muchísima importancia en la gestión de contratos.

Marco del abastecimiento

El Abastecimiento «compras y contratación de bienes y servicios» puede definirse como:

"El proceso que de manera consistente se acerca al mercado, respalda la estrategia seleccionada y agrega valor al negocio, en términos económicos, técnicos, manejo del riesgo e incremento de la eficiencia, al solicitar ofertas de suministro de bienes y prestación de servicios a proveedores y contratistas con experiencia probada en suministros, trabajos o servicios similares, que permitan su desempeño de acuerdo con requisitos y estándares establecidos y que hayan manifestado su interés en participar bajo condiciones particulares. El contratista o proveedor seleccionado será aquel que mejor combine capacidades: Jurídica, técnica, de HSE, financiera y de funcionamiento que permitan anticipar un adecuado desempeño de acuerdo con las especificaciones técnicas, los alcances de los servicios, los precios o tarifas ofertados y las condiciones contractuales pactadas."

Valoración e impacto de la función de Abastecimiento

Concepción y marco del proceso

El abastecimiento de bienes y servicios debe encuadrarse dentro de principios de buena fe, calidad, celeridad, economía, equidad, planeación, responsabilidad, transparencia y responsabilidad global empresarial y realizarse bajo los siguientes lineamientos:

- Respaldar un Plan Estratégico Empresarial (PEE) que formule los lineamientos que permitan diseñar y ejecutar el plan de abastecimiento de bienes y servicios.

- Cumplir el compendio de normas que regulan el Abastecimiento en la Empresa; entre ellas el manual de abastecimiento.

- Promover el uso de herramientas y medios electrónicos para consultar el mercado, la solicitud y recibo de ofertas y la gestión del proceso de aprovisionamiento.

- Articular estrategias de abastecimiento con enfoque comercial, que respondan con oportunidad y calidad a las necesidades y proyectos de la Empresa. Este deberá ser un ejercicio de co - creación entre abastecimiento, los clientes internos «negocio» y las demás áreas que impactan la gestión.

- Identificar a través de inteligencias de mercado el entorno, las oportunidades, riesgos y mejores fuentes de abastecimiento.

- Diseñar normas y estándares, de conformidad con criterios objetivos que fortalezcan los procesos productivos e inversiones de la Empresa y aseguren el mejor negocio.

- Incorporar tecnologías, desarrollo y soluciones innovadoras que ofrezcan las empresas proveedoras de bienes y servicios.

- Fortalecer las relaciones de confianza con clientes, proveedores, contratistas, grupos de interés, mediante negociaciones gana - gana y conformación de alianzas.

- Crear valor compartido con proveedores y contratistas como pilar fundamental de la cadena de abastecimiento, cumpliendo además con los aspectos de HSE.

- Medir los resultados y realizar seguimiento a los procesos de abastecimiento mediante indicadores de gestión y de productividad.

- Fortalecer continuamente las competencias del talento humano involucrado en el proceso de abastecimiento, alcanzar altos niveles de motivación y desempeño y retener el personal clave.

Política de abastecimiento

La Empresa debe asegurar el abastecimiento de bienes y servicios aplicando principios de planeación, optimización de costos, calidad, creación de valor, tecnología, oportunidad y transparencia,

2

con talento humano competente, apoyándose en la matriz de posición del abastecimiento, en la metodología de abastecimiento estratégico y prácticas de mejoramiento continuo, para realizar el mejor negocio que satisfaga sus necesidades.

Componentes de una política de abastecimiento

• Planeación

El Plan Estratégico Empresarial (PEE), el Plan Anual de Compras y Contratación (PACC) y la Matriz de Posición del Abastecimiento, son herramientas que la Empresa debe utilizar para priorizar las necesidades en términos de riesgo, oportunidad, impacto y nivel de gasto, e identificar las categorías de abastecimiento estratégico.

La aplicación de la metodología de abastecimiento, garantiza el conocimiento del mercado de bienes y servicios, mediante el uso de inteligencias de mercado u otros medios, para el diseño de las estrategias comerciales que aseguren el mejor negocio.

• Mejor Negocio

Los criterios básicos que constituyen la definición del mejor negocio son:

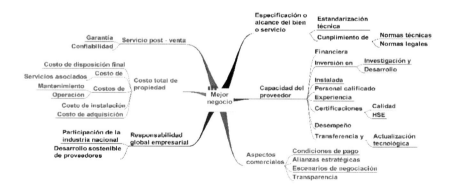

➢ **Relación con proveedores y contratistas**

La Empresa establecerá sus relaciones comerciales con proveedores y contratistas privilegiando la competitividad, la innovación, altos estándares éticos, calidad, economía y eficiencia administrativa, dando garantías de equidad y transparencia en el desarrollo de las transacciones y promoviendo el beneficio mutuo.

Las relaciones con oferentes, proveedores, contratistas y grupos de interés, deben honrar los códigos de ética y de buen gobierno corporativo de la Empresa.

La Empresa debe promover el mejor desempeño de sus contratistas y proveedores mediante un modelo objetivo de evaluación, que permita identificar oportunidades de mejora y que influya equitativamente en la invitación a futuros procesos de selección.

➢ **Tecnología**

La gestión de abastecimiento se apoyará en herramientas tecnológicas que le permitan desarrollar mayor eficiencia administrativa, aseguramiento del conocimiento, comunicación con el mercado, mejores oportunidades de negocio y de información, transparencia y control.

4

Co - responsabilidad de procesos y funciones

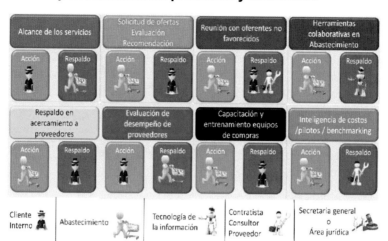

> ## Manual de contratación y manual de gestión de contratos

Son por principio los dos instrumentos que delimitan políticas, responsabilidades, obligaciones prácticas para los dos macro - procesos en abastecimiento: selección de contratistas y gestión de contratos respectivamente. Las áreas jurídicas y las Secretarías Generales han sido en la práctica las llamadas a elaborar e implantar estos modelos; por esta razón en la mayoría de las veces los documentos tienen un marcado rigor jurídico que relega a un segundo plano las exigencias de flexibilidad y agilidad, que muchas veces son necesarias en el desarrollo y gestión de contratos, especialmente de obra.

Una evaluación cuidadosa de estos documentos debe conducir a lograr un equilibrio entre la sana preocupación de prevenir riesgos contractuales y la imperiosa necesidad de gestionar con eficacia contratos y órdenes de compra. Ni la rígida visión desde el escritorio del abogado, ni la laxitud del ingeniero en el campo.

El manual de contratación es una guía que define responsabilidades, fija los métodos a los cuales debe recurrirse a título oneroso para las actividades de abastecimiento de bienes o servicios para el desarrollo de las funciones de la institución y, primordialmente establece la normas que deben seguir los acuerdos de voluntades que celebre la Empresa, en desarrollo de su objeto social, en su calidad de Contratante. Dicho manual será conocido y aplicado por todos los funcionarios y trabajadores de la Empresa.

El manual debe segregar las aprobaciones no solo por montos de los presupuestos de contratación, sino también por criterios importantes como el riesgo e impacto de un servicio o suministro.

Debe diferenciar claramente conceptos como contratación directa y fuente única, para facilitar los procesos de selección.

Debe propiciar un sano equilibrio entre las exigencias jurídicas "que por supuesto no deben desconocerse porque protegen al ente contratante" y el desarrollo ágil y transparente del proceso de selección de contratistas y proveedores.

Acercar a los clientes internos de manera sencilla a una herramienta de indudable importancia en el desarrollo de los procesos de abastecimiento.

Manual de gestión de contratos es la referencia obligada para efectuar el seguimiento y control a las acciones de contratistas y proveedores; verificar el cumplimiento de las obligaciones derivadas del contrato, respecto a las especificaciones técnicas o descripciones de los servicios ofrecidos y supervisar la ejecución de las actividades administrativas en cada contrato y la sujeción al presupuesto asignado.

Contiene las disposiciones generales para el control y seguimiento de la ejecución, desarrollo cierre y liquidación de los contratos, convenios u órdenes que celebra la Empresa, conforme con las reglas señaladas en dicho manual.

Responsabilidad Social Empresarial vs. Creación de Valor Compartido

Erick Pichot fundador del Centro Internacional de Responsabilidad & Sostenibilidad y Ernst Ligteringen consejero e innovador social en el tema de responsabilidad en un artículo titulado «El nuevo modelo de la sostenibilidad» escrito para la revista Credencial en su edición 363 del mes de febrero del 2017, en sus páginas 60 a 63, describen la manera como la Responsabilidad Social Empresarial - RSE - ha evolucionado en la última década.

- La primera versión de RSE (RSE1.0) inducía a hacer aportes filantrópicos con el objetivo moral y equitativo que devolverle a la sociedad parte de lo que la sociedad le había permitido adquirir. Este fue un acercamiento asistencialista que si bien atendió (y atiende) necesidades vitales de poblaciones vulnerables, también reconoció que no generaba desarrollo sostenible. Por el contrario estimulaba la dependencia de grupos poblacionales marginales.
- Posteriormente, la RSE2.0 basada en el modelo tradicional de Triple Cuenta de Resultado, utilizado por primera vez por John Elkington en 1994, buscaba disminuir los impactos degenerativos. La gestión empresarial debe estar encaminada a obtener el máximo beneficio económico y minimizar (o restaurar) los impactos sociales ambientales. Hoy, ante las amenazas y riesgos existentes para la especie humana, este esquema de compensación no es (ni va a ser) suficiente.
- La RSE3.0 crea valor y oportunidades para todos los grupos involucrados. Identifica las innovaciones con potencial futuro y aplica la lógica de una economía regeneradora. Ejemplo: pensando con la lógica de la economía actual de energía renovable no parece un negocio viable; sin embargo, asumiendo la perspectiva futura, la tecnología para la energía renovable es imprescindible. Otro ejemplo: a corto plazo es más rentable enfocarse en el potencial laboral y de consumo de la clase media educada, mientras que, a largo plazo y asumiendo una economía inclusiva, tiene sentido invertir en los grupos sociales menos favorecidos.

Creación de Valor Compartido

Michael E. Porter y Mark R. Kramer en su artículo «la creación de valor Compartido» publicado en Harvard Business Review América Latina en enero del 2011, conceptúan que el valor compartido podría definirse como aquellas políticas, procesos y prácticas operacionales que coadyuvan a mejorar la competitividad de la Empresa sin dejar de lado un esfuerzo consciente, orientado a mejorar las condiciones económicas y sociales en aquellas comunidades en las que desarrolla sus operaciones. Crear valor compartido implica identificar, expresar y articular las conexiones existentes entre el ámbito económico y el social.

Los fundamentos del Valor Compartido

En un nivel elemental, la competitividad de la Empresa y la salud de las comunidades donde opera, deben formar un fuerte tejido. La empresa precisa de una comunidad exitosa, no sólo para satisfacer parte de su demanda de bienes y servicios, sino también para brindar activos públicos neurálgicos y un entorno que respalde el negocio. Una comunidad a su vez, necesita empresas exitosas que generen empleos y oportunidades para generar riqueza para sus ciudadanos.

El concepto de valor compartido reconoce que las necesidades sociales, y no sólo las necesidades económicas convencionales, son las que definen los mercados

¿Cómo se crea el Valor Compartido?

Las empresas pueden crear valor económico creando valor social. Hay 3 formas diferentes de hacerlo: Re concibiendo productos y mercados, redefiniendo la productividad en la cadena de valor y construyendo clústeres de apoyo para el sector en torno a las instalaciones de la empresa. Cada uno es parte del círculo virtuoso del valor compartido; al incrementar el valor en un área, aumentan las oportunidades en la otra.

Redefinir la productividad en la cadena de valor

La cadena de valor de la Empresa inevitablemente afecta «y es afectada por» diversos temas sociales como son el uso de los recursos naturales y del agua, la salud y la seguridad, las condiciones laborales y el trato igual en el lugar de trabajo. Las oportunidades de crear valor compartido surgen porque los problemas de la sociedad, pueden crear costos económicos en la cadena de valor de la Empresa.

Abastecimiento

El cuaderno tradicional de estrategias dice que las empresas deben crear «commodities» y ejercer el máximo poder negociador con los proveedores para reducir los precios incluso cuando le compran a empresas en el sector de rutinarios o vulnerables que operan a nivel de subsistencia.

Hoy algunas empresas están empezando a entender que proveedores y contratistas marginalizados no pueden mantenerse productivos ni sostener, y mucho menos mejorar su calidad. Al elevar su acceso a los insumos, compartir tecnología y ofrecer financiamiento, la Empresa puede mejorarles la productividad y la calidad, a la vez que se aseguran el acceso a un volumen mayor. Esa mayor productividad a menudo será más beneficiosa que los precios más bajos. A medida que proveedores y contratistas se vuelven más fuertes, su impacto ambiental suele caer drásticamente, lo que también eleva su eficiencia. Se crea así valor compartido.

Permitir el desarrollo de clústeres locales

Ninguna empresa es un ente autosuficiente. El éxito de todas las empresas se ve afectado por las compañías y las infraestructuras de apoyo que la rodean. La productividad y la innovación están influidas por los clústeres o concentraciones geográficas de firmas, empresas relacionadas, proveedores de bienes y prestadores de servicios e infraestructura logística en un área particular, como las compañías de tecnología de la información en silicón Valley, el cultivo de flores en Kenia y el corte de diamante en Surat, India.

Los clústeres son prominentes en todas las economías regionales que crecen y tienen éxito, además de jugar un papel en el aumento de productividad la innovación y la competitividad. Los proveedores y contratistas locales capaces, fomentan una mayor eficiencia logística y una colaboración más fácil. Tener capacidades locales más sólidas en áreas como capacitación, servicios de transporte y sectores relacionados, también eleva la productividad. Y a la inversa, la productividad sufre si no se cuenta con clústeres de apoyo.

Las empresas crean valor compartido al construir clústeres que mejoran la productividad de la compañía, a la vez que abordan las brechas o fallas en las condiciones estructurales que rodean al clúster. Los esfuerzos por desarrollar o atraer proveedores capaces. El foco en los clústeres y en la ubicación de las plantas ha estado completamente ausente del pensamiento de la Alta Gerencia. El pensamiento sobre los clústeres también ha sido ignorado por muchas iniciativas de desarrollo económico, las que no han resultado porque consistían en iniciativas aisladas y pasaban por alto inversiones complementarias cruciales.

Un aspecto clave de la construcción de un clúster, tanto en los países en desarrollo en los países desarrollados, es la formación de mercados abiertos y transparentes. En los mercados ineficientes o monopolizados donde se explota a los trabajadores, donde los proveedores no reciben precios justos y donde los precios no son transparentes, la productividad sufre. El permitir mercados justos y abiertos, lo que se suele lograr de mejor manera junto con otros socios, puede hacer posible que la Empresa se asegure un suministro confiable y se den a los proveedores y contratistas mejores incentivos para la calidad y la eficiencia, a la vez que también pueden mejorar sustancialmente los ingresos y el poder de compra de los ciudadanos locales. El resultado es un ciclo positivo de desarrollo económico y social.

La Creación de Valor Compartido (CVC) debería reemplazar a la Responsabilidad Social Empresarial (RSE), como guía de las inversiones de las empresas en sus comunidades. Los programas de RSE, se enfocan principalmente en la reputación y sólo tienen una conexión limitada con el negocio, haciendo que sean difíciles de justificar y mantener en el largo plazo. En cambio, la CVC es parte integral de la rentabilidad y la posición competitiva de la empresa. Aprovecha la experticia y los recursos únicos de la Empresa para crear valor económico mediante la creación de valor social.

New Ways of Working Together

Vale la pena en esta instancia, hacer referencia a «new ways of working together» o modos más eficaces de trabajar juntos.

El concepto se estableció para facilitar una mayor colaboración socio comercial, para crecer conjuntamente en los negocios

Se basa en cuatro conceptos estratégicos como núcleo de nuevas interacciones de socios comerciales, que orientan sus comunicaciones y los esfuerzos de planeación conjunta de negocios.

La trayectoria de asociaciones industriales y comerciales demuestra la importancia del aporte de cada jugador para lograr el éxito en nuevas formas conjuntas de trabajo. La trayectoria se centra en desarrollar y comunicar mejores prácticas y estándares de la industria.

Dicha trayectoria se centra en priorizar y comunicar estrategias, metas y medidas entre los socios comerciales. Unir todas las piezas de este marco ofrece a las empresas individuales, los socios comerciales y las organizaciones que respaldan a la industria, un método para lograr con éxito, nuevas formas de trabajo conjunto.

Estos modos más eficaces de trabajar juntos, ofrecen un marco para lograr alineamiento y compromiso, en cuatro opciones estratégicas clave en la colaboración de los socios comerciales:

- **Enfoque en el consumidor**

  Supone la colaboración bilateral de socios comerciales para satisfacer mejor necesidades consumidores y compradores. Un concepto innovador considera la Metodología Acordada de

Crecimiento Conjunto (JAG) la cual contempla que en la mayoría de relaciones estratégicas, la planificación anual de negocios es simplemente insuficiente; Los planes de negocios deben estirar el horizonte de tiempo para permitir inversiones en construcciones y bienes de capital. En esta planeación empresarial a largo plazo, la protección de la propiedad intelectual y la creación de confianza son esenciales.

- **Conectar información comercial**

  Permite establecer objetivos, medidas y un lenguaje comunes. Los componentes clave incluyen acordar estándares como indicadores clave de rendimiento, las llamadas medidas de desempeño de socios comerciales y la sincronización global de datos para asegurar que haya una vista única.

- **Preparar el talento humano**

  Direcciona la estructura organizacional, las capacidades, la evaluación, los incentivos al desempeño de los colaboradores personas y los reconocimientos que facilitan o crean barreras para la colaboración esperada.

- **Compartir la cadena de Abastecimiento**

  Se refiere a cómo la industria y los socios comerciales deben hacer las cosas de manera diferente para enfrentar los costos volátiles de la energía y la necesidad de prácticas comerciales más sostenibles. Existe la necesidad de un cambio radical en la forma en que las empresas se acercan a las estructuras, habilidades, recompensas e incentivos para permitir una visión de una nueva y audaz industria.

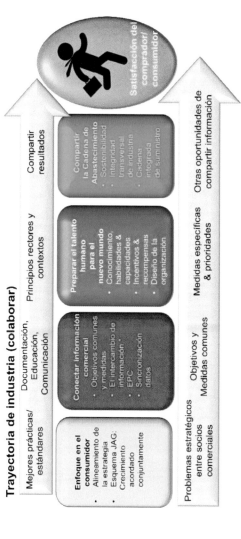

New ways of working together

Eliminar las interrupciones en la cadena de Abastecimiento, permitir el crecimiento

Trayectoria de industria (colaborar)

| Mejores prácticas/ estándares | Documentación, Educación, Comunicación | Principios rectores y contextos | Compartir resultados |

Enfoque en el consumidor
- Alineamiento de la estrategia
- Esquema JAG: Crecimiento acordado conjuntamente

Conectar información comercial
- Objetivos comunes y medidas
- El intercambio de información*
- EPC
- Sincronización datos

Preparar el talento humano para el nuevo mundo
- Conocimiento, habilidades & capacidades
- Incentivos & recompensas
- Diseño de la organización

Compartir la Cadena de Abastecimiento
- Sostenibilidad
- Integridad transversal de industria
- Cadena integrada de suministro

| Problemas estratégicos entre socios comerciales | Objetivos y Medidas comunes | Medidas específicas & prioridades | Otras oportunidades de compartir información |

Trayectoria del socio comercial (Ventaja competitiva)

Satisfacción del comprador/ consumidor

*Nota: Utilizations of industry Standars

http://ecr-all.org/wp-content/uploads/GCI_NWWT_Final.pdf

13

Entorno corporativo

A pesar del costo significativo de los bienes y servicios adquiridos por la función de abastecimiento, ésta no es siempre reconocida como aportante clave a la competitividad y rentabilidad de la Empresa.

Desconocimiento de cómo temas de la Empresa, tales como: propiedad, tamaño, cultura corporativa, misión, objetivos, políticas, estrategias, así como procesos y funciones corporativas relacionados, influyen directamente en la forma como se orienta y opera la función de compras y contratación.

Si los bienes y servicios recibidos por el cliente interno no tienen las características correctas, la calidad correcta, el precio correcto y el tiempo de despacho correcto, entonces la cadena de abastecimiento está fallando en su misión. No se podrá competir efectivamente con otras cadenas alternativas de suministro. No será posible mejorar su propia competitividad individual (es decir, calidad, costo, tiempo de despacho, etc.) ni mejorar la competitividad y el desempeño de todas las empresas en su cadena de abastecimiento.

No se triunfará como integrante de la cadena de suministro, y no se logrará que la cadena trabaje como un todo, si las empresas no desarrollan acuerdos estratégicos con sus empresas clientes y sus proveedores clave.

Es necesario compartir información, trabajar juntos para reducir costos, acortar los tiempos de entrega y construir calidad total en todas las etapas de la cadena de abastecimiento.

Es necesario entonces entender y explorar la influencia del entorno corporativo, en la función de abastecimiento de la Empresa y concretar la manera como se relaciona esta función con el resto de la organización.

La tendencia a la contratación, significa que la función de abastecimiento se ha hecho cada vez más importante ya que involucra acuerdos complejos con los proveedores (generalmente de importancia estratégica para una empresa). La capacidad de gestionar estas relaciones es claramente esencial para la competitividad general de la Empresa.

Los límites entre Abastecimiento y los otros departamentos en la Empresa, se deben fijar de tal manera que cada departamento contenga tanto como sea posible, del proceso que le concierne. Al minimizar los vínculos de procesos entre departamentos, es posible evitar la dilución de responsabilidades y de autoridad. Puesto que esto puede conducir a departamentos excesivamente grandes que son difíciles de controlar, es necesario alcanzar el equilibrio que optimice tanto los vínculos entre departamentos como sus tamaños.

La estrategia corporativa en sus distintas dimensiones tienen impacto directo en la función de abastecimiento - compras y contratación -

La interrelación debería ser de doble vía: en primer lugar, la función de abastecimiento por su posibilidad de impactar el desarrollo de la estrategia.
En segundo lugar, debería asegurar que la estrategia corporativa se considere y aplique en la gestión de Abastecimiento.

Visión

El estado futuro de la cadena de Abastecimiento "su visión" será una mezcla de los cuatro componentes críticos indicados a continuación:

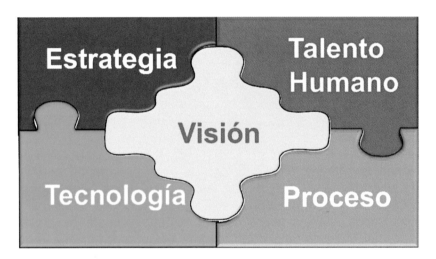

Los habilitadores de esta visión pueden ser:
• Impacto estratégico.
• Indicadores claves de desempeño.
• Ajustes de roles requeridos en la Empresa.
• Cambios requeridos en la cultura.
• Requisitos de entrenamiento y competencias.
• Reingeniería requerida en los procesos.
• Tecnología requerida.
• Impacto en apalancamientos de valor.

Marco estratégico

Un marco para transformar la función de abastecimiento y mejorar su desempeño, debe considerar en su estructura componentes como los indicados a continuación, respaldados en la identificación

16

de buenas prácticas nacionales e internacionales y en el aporte de expertos en Abastecimiento:

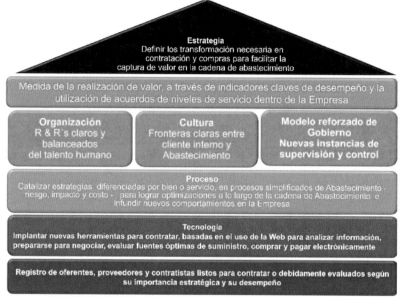

Rol de la función de Abastecimiento

Para comprender completamente el papel de la gestión de la cadena de Abastecimiento, se debe considerar el alcance de las oportunidades que ofrece la función. Dentro de todas las actividades de, la medida del éxito no es solo la reducción de costos, sino también la mejora en el desempeño y la colaboración con proveedores y contratistas; esto se maximiza a través de la transparencia y la alineación de los objetivos estratégicos generales.

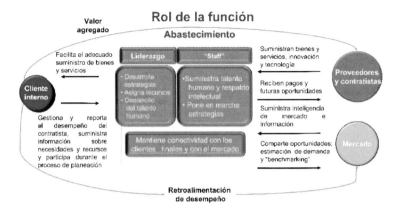

Un esbozo de actividades, para facilitar la transición táctica es el siguiente:

Para determinar cómo la Empresa se encamina o no hacia un estado mejorado en los próximos años, puede ser útil diligenciar una encuesta para conocer con mayor detalle el estado del abastecimiento, sus características patrones o hechos específicos:

18

Iván Pinzón Amaya

	Todo está automatizado					
1	La gestión de compras y contrataciones rutinarias las llevan a cabo los clientes internos	1	2	3	4	5
2	Los documentos básicos de contratación y los modelos de contratos están muy automatizados, con el uso de plantillas. Se dejan abiertas las condiciones especiales o particulares de cada proceso	1	2	3	4	5
3	La función de Abastecimiento es la depositaria de los documentos básicos. Las áreas jurídicas actúan como asesores esporádicos en el proceso	1	2	3	4	5
4	La evaluación del riesgo está incorporada en los procesos de selección de proveedores y contratistas	1	2	3	4	5
	La inteligencia se coloca en texto					
5	Es posible entrar al sistema y obtener toda la información requerida sobre datos de gastos internos, inteligencia de mercado, indicadores de desempeño, buenas prácticas y procesos de gestión	1	2	3	4	5
	El trabajo se vuelve móvil					
6	La gestión de abastecimiento - compras y servicios - con acceso en tiempo real a los datos e información de la Empresa	1	2	3	4	5
7	Capacidad de ejecutar los procesos - ya sea aprobar las solicitudes de compra o comprobar el estado de las facturas o subastas - desde cualquier dispositivo, en cualquier parte	1	2	3	4	5
	Las comunidades colaboran					
8	La Empresa y sus contratistas y proveedores utilizan con mayor frecuencia las redes y comunidades de comercio digitales que les permiten descubrir de forma rápida y sencilla al otro, conectar y colaborar	1	2	3	4	5
	Los datos predicen el futuro					
9	Los contratos incluyen KPI´s que miden los procesos que tienen más probabilidad desde afectar a los clientes internos	1	2	3	4	5

19

10	Se da prioridad a los procesos de abastecimiento según los requisitos de los clientes internos y su evaluación	1	2	3	4	5
	Los precios se vuelven transparentes					
11	Los precios de bienes y servicios se han vuelto más transparentes gracias al e - Sourcing, redes comerciales globales, comunidades en línea y al examen valiente llevado a cabo por Abastecimiento	1	2	3	4	5
12	Los ahorros están vinculados a la gestión de categorías desde las etapas tempranas de los procesos de contratación y compras	1	2	3	4	5
	La gestión del gasto se contrae					
13	Los analistas de Abastecimiento conocen las líneas de negocios y participan en los procesos de planeación estratégica de las líneas de negocios; son responsables de desarrollar -pensando en los proveedores- todas las estrategias que ayudan a la Empresa a organizar, diseñar y ejecutar los procesos, subcontratar (o externalizar), garantizar el suministro, innovar y gestionar los costos	1	2	3	4	5
	La subcontratación se dispara					
14	Con base en el modelo de posición del suministro, las actividades de compras y contratación se han tercerizado con los clientes internos o con terceros de acuerdo con el riesgo, impacto y costo de los procesos	1	2	3	4	5
	Los proveedores de servicios					
15	El rendimiento y desempeño en muchos de los servicios, sobrepasa lo que puede hacerse internamente. La cantidad y la calidad de servicios de terceros aumenta drásticamente	1	2	3	4	5
	Las SBU - Unidades estratégicas de negocios -absorben las compras					
16	Cada vez es más frecuente la participación activa de los clientes finales en los procesos de Abastecimiento	1	2	3	4	5

17	La Empresa viene analizando con mayor cuidado las ventajas y desventajas de contar estructura organizacionales centralizadas en el corporativo o descentralizadas en la Unidades de negocio o incluso híbridas	1	2	3	4	5
El caos del presupuesto se desinfla						
18	Los clientes internos han mejorado sus destrezas en la elaboración de presupuestos y éstos son referencias adecuadas en la evaluación económica de las ofertas	1	2	3	4	5
19	La función de Abastecimiento está muy arraigada en la planeación estratégica de la Empresa. El Plan Anual de Compras y Contratación -PACC- se desarrolla conjuntamente con la planeación financiera y presupuestal	1	2	3	4	5
Volvámonos financieros						
20	Los analistas de Abastecimiento entienden realmente de finanzas y contabilidad y son conscientes del impacto que tienen las decisiones de compras en los estados financieros	1	2	3	4	5
21	Conceptos como el costo total de propiedad (TCO) se entienden bien en Abastecimiento	1	2	3	4	5
Los profesionales de abastecimiento se sofistican						
22	Los analistas de Abastecimiento de la Empresa son educados, inteligentes, respetados, influyentes, persuasivos, visionarios, estratégicos, agudos, globales, colaborativos, ejecutivos, astutos en los negocios	1	2	3	4	5
23	Crean estrategias de negocio pensando en los clientes finales	1	2	3	4	5
24	Impulsan proactivamente la innovación en la base de proveedores, cuando es necesario	1	2	3	4	5
25	Se relacionan con los proveedores y contratistas de bienes y servicios críticos siempre que sea conveniente y lo más exhaustivamente posible	1	2	3	4	5
26	Convencen a los proveedores y contratistas más innovadores y eficientes porqué deberían invertir en impulsar el éxito de la Empresa, excluyendo la competencia	1	2	3	4	5

27	Abastecimiento es consciente que sus claves de éxito son: innovación, integración, planeación estratégica, liderazgo intelectual y una comprensión real de cómo gestionar terceros	1	2	3	4	5
	Los profesionales amplían sus conocimientos					
28	Analistas de Abastecimiento reconocidos por el alcance y la profundidad de sus conocimientos. Lo conocen todo: la ciencia, la economía, las leyes y las políticas de sus mercados de suministros a escala mundial	1	2	3	4	5
29	Visión profunda y detallada de los mercados más importantes para la Empresa	1	2	3	4	5
30	De manera similar a los analistas de inversión, tendrán un amplio y profundo conocimiento de sus mercados y sectores de suministro	1	2	3	4	5
31	Los analistas de Abastecimiento invierten buena parte de su tiempo entendiendo los mercados desde perspectivas a más largo plazo, en lugar de mirar a través de la óptica de los eventos u operaciones puntuales de abastecimiento	1	2	3	4	5
32	La profunda experiencia requerida, no necesariamente se obtiene dentro de la Empresa; con frecuencia se consigue en el mercado, en el sector externo o en la academia	1	2	3	4	5
	La competencia de los talentos se anima					
33	Dada la escasez de talentos en Abastecimiento y el elevado nivel de demanda, la Empresa desarrolla programas de reconocimiento y desarrollo para retener y atraer hacia sus filas a los mejores y más brillantes	1	2	3	4	5
	La línea ofensiva entra en juego					
34	La Empresa se centra en el desarrollo de proveedores	1	2	3	4	5
	Es complicado					
35	La Empresa desarrolla matrimonios empresariales al igual que alianzas estratégicas cliente - proveedor en lugar de la labor de selección, evaluación y calificación de proveedores	1	2	3	4	5

	Adiós productos, hola soluciones					
36	Los analistas de Abastecimiento fortalecen los lazos e interrelaciones con los clientes internos; hablan directamente con ellos en la búsqueda de soluciones. La resistencia interna disminuye	1	2	3	4	5
	Las líneas comprador - vendedor se desfiguran					
37	Abastecimiento centra sus esfuerzos en crear equipos multidisciplinarios; esto permite a los proveedores mayor participación en proyectos de desarrollo de sus clientes	1	2	3	4	5
	La línea ofensiva entra en juego					
38	La Empresa se centra en el desarrollo de proveedores	1	2	3	4	5
	Innovación desde fuera					
39	La Empresa establece convenios y alianzas para la transferencia de tecnología: Universidades - Centros de Investigación - Empresas	1	2	3	4	5

Entre 180 y 220 puntos	La Empresa tiene en marcha políticas, procesos prácticas y procedimientos en línea con una visión de estado mejorado de abastecimiento.
Entre 120 y 180	La Empresa empieza a reflexionar y poner en práctica de manera aleatoria y puntual políticas, procesos, prácticas y procedimientos, en línea con una visión de estado mejorado de abastecimiento.
Menos de 120 puntos	Quedan escasos años. Hay que cambiar a pasos agigantados.

23

Arquitectura en la organización de la función de Abastecimiento

El seleccionar la estructura organizacional más adecuada para la función de Abastecimiento, está sujeto a distintas consideraciones, fruto de su escalonamiento estratégico, los rasgos claves de un tipo particular de empresa y su cultura corporativa.

La estructura asigna de manera clara roles y responsabilidades de las distintas funciones, por esa razón una empresa organizada, de algún tamaño, requiere de una estructura formal, sustentada en lo posible en procesos.

Las empresas en crecimiento, tienden a diversificarse restringiendo muchas veces la capacidad de respuesta de una sola estructura organizacional, lo que obliga a crear unidades operativas por exigencias de especialización, dispersión geográfica, categorías o líneas de actividad.

A continuación se plantean algunos de los interrogantes que con mayor frecuencia, deben analizarse para definir dicha estructura.

Organización centralizada, descentralizada o híbrida

Abordar este tema se complica por el gran número de términos utilizados desde el punto de vista de perspectivas conceptuales, por ejemplo, centralización, centralización total o parcial, al igual que descentralización, descentralización total o parcial; sin desconocer que existen varios matices de los mismos.

Para facilitar el análisis, el asunto se ha dividido en tres aspectos a saber:

- **Abastecimiento centralizado**:

  El sistema centralizado tiene dos concepciones: la primera concentra la autoridad en una función o departamento, y la otra, más frecuente centraliza el control del Abastecimiento de bienes y servicios a través de la casa matriz « aunque haya diversas empresas controladas o filiales, dispersas geográficamente» con unidad de políticas de compras y contratación, en la cual se reúne personal especializado y competente.

  Algunas de las ventajas y ventajas y desventajas de este enfoque, identificadas por expertos en Abastecimiento, pueden ser:

VENTAJAS	DESVENTAJAS
✓ Controlar mejor el proceso de Abastecimiento.	✓ En momentos de crisis, no siempre es posible atender rápidamente las solicitudes de los clientes internos.
✓ Obtener economías al agregar la demanda y fortalecer así la posición ante el mercado; atrayendo de verdad la atención del proveedor o contratista. Es posible persuadirlos para hacer concesiones, tales como un despacho más rápido o un descuento por volumen.	✓ La renuncia o pérdida de personal especializado, repercute más en este sistema que en el descentralizado.
✓ Optimizar la planta de personal de compras y contratación.	✓ El personal que está lejos del lugar, donde se requieren bienes y servicios, puede desconocer la problemática y las restricciones regionales.
✓ Implantar procesos, procedimientos y criterios uniformes y un mejor control sobre ellos.	✓ El personal de Abastecimiento puede estar sujeto a sobrecargas de trabajo.
✓ Eliminar la duplicación administrativa y evitar redundancia de funciones.	✓ El área central no conoce con el detalle necesario las necesidades de un área en particular. Es posible que el proceso no sea tan

	rápido como espera el cliente interno.
✓ Asegurar la estandarización del catálogo de bienes y servicios	✓ Los gerentes de áreas operacionales pueden sentirse frustrados, si no pueden aportar a la estrategia de dicha área.
✓ En las decisiones de aprovisionamiento se cuenta con personal experimentado, e incluso especializado en determinadas categorías, lo que puede significar una ahorros de tiempo en los ciclos de compra o contratación	✓ Puede crearse una gran burocracia ineficiente que genera altos costos administrativos.
✓ Planear mejor la identificación de la demanda global y la programación del Aprovisionamiento.	✓ La motivación del personal puede ser baja porque pueden no tener libertad para tomar decisiones.
✓ Focalizar las relaciones comerciales con proveedores y contratistas.	
✓ Estandarizar los criterios de evaluación de ofertas y de adjudicación.	

- **Abastecimiento descentralizado:**

  En este tipo de organización pueden coexistir varios grupos independientes de compras y contratación que reportan a sus jefes de empresas controladas o filiales o procesos, sean locales o regionales, en lugar de hacerlo a un área central de abastecimiento; generalmente efectúan directamente y de manera autónoma, el abastecimiento de bienes y servicios requeridos.

VENTAJAS	DESVENTAJAS
✓ Realizar compras en forma más eficiente en situaciones urgentes.	✓ Se pierde la posibilidad de agregar demanda y buscar una posición de ventaja como comprador en el mercado
✓ Desarrollar personal más experimentado y especializado.	✓ No siempre es posible obtener la misma calidad de los bienes por las calidades de la oferta regional
✓ Mantener la responsabilidad y la autoridad más cerca del cliente interno brindando mayor flexibilidad en la atención de necesidades.	✓ Los niveles de descuentos pueden verse reducidos.
✓ Permitir una relación directa con las exigencias de las actividades de operación, mantenimiento y desarrollo de proyectos.	✓ Se utiliza más personal para atender el proceso de Abastecimiento.
✓ Crear relaciones directas entre el personal de la Empresa y los proveedores generando intercambios de información técnica.	✓ En ocasiones un área puede negarse a entregar o transferir materiales que requiere otra área, por temor a que pueda necesitarlos.
	✓ Las políticas del Corporativo, se pueden ver fragmentadas con la diversidad de criterios de aprovisionamiento.
	✓ Se pierde la oportunidad de consolidar y optimizar esquemas de transporte por la atomización de las compras, generándose mayores costos logísticos.

- **Sistema híbrido de compras centralizadas - descentralizadas (combinación de los dos anteriores):**

  Este sistema opera en grandes empresas y con varias empresas controladas o filiales, en las que, por sus necesidades, realizan de manera descentralizada sus compras, ya que esto no afecta mayormente la calidad, precio ni condiciones de pago, y sí les favorece en la continuidad, volúmenes y condiciones de entrega.

  Sin embargo, cuando se trata de compras de bienes y servicios críticos, de alto impacto y riesgo o de adquisiciones resultantes de procesos de agregación de algunas empresas controladas o filiales que deben ser aprobadas por distintas instancias, o que la Alta Gerencia por considera elevadas se reserva, los procesos pueden ser orientados o dirigidos desde la órbita corporativa; es decir, que al realizar la misma empresa compras centralizadas y/o descentralizadas, se dice que está operando bajo un sistema combinado o mixto.

Referencia práctica

A continuación se plantea una situación de la vida real, en la cual una empresa multilatina desde su casa matriz a nivel corporativo a través de la función de Compras, identifica oportunidades de agregar demanda de las necesidades de abastecimiento de bienes del nivel central y de sus empresas controladas, sin afectar por otro lado, la capacidad de dichas empresas para atender su propio aprovisionamiento.

En el primer caso se entiende dicha agregación, como la consolidación de necesidades de bienes o servicios de un mismo tipo que permiten:

- Mejorar las condiciones de participación en el mercado en términos de mercado y desplazar el balance de poder, del lado de la casa matriz « Comprador».
- Abrir la posibilidad de potencializar los esquemas de negociación en términos de costos, plazos de entrega, calidad, servicios post venta, etc.

Esta sinergia se plantea en dos grandes segmentos:

- **Funcional**: Aplica para las empresas que se mueven en el mismo sector. Su nicho del mercado abarca necesidades de bienes o servicios relacionados, con suficientes condiciones de homogeneidad. Esta sinergia tiene que ver no solo con dichos bienes y servicios sino también con el comportamiento de sus proveedores, su experiencia, la competencia. Requieren estrategias similares en el proceso de aprovisionamiento. Usualmente se identifican cadenas autónomas y significativas de suministro y sinergias y oportunidades para agregar o integrar gastos y/o actividades.
- **Geográfico:** Cuando la proximidad regional, se traduce en accesos a mercados más o menos homogéneos, caracterizados por proveedores y contratistas con características y necesidades comunes.

La visión del abastecimiento en la casa matriz, deberá propender por identificar, perseguir y cristalizar este tipo de sinergias.

Valoración del sistema de abastecimiento

Una de las empresas controladas por dicha empresa multilatina, se planteó la siguiente valoración de fortalezas y debilidades en dos instancias:

- Respecto a su relacionamiento con la función de compras del Corporativo: Centralización en términos de enfoques y políticas y descentralización en la gestión del abastecimiento, por parte de la empresa controlada:

Macro proceso de selección de contratistas

Conceptos	Debilidades					Fortalezas					Notas
	5	4	3	2	1	1	2	3	4	5	
¿Están alineados las políticas, procesos y procedimientos de la Empresa controlada, con los del Corporativo?									X		Existe un alineamiento de la empresa controlada con las políticas y procedimientos del Corporativo. La interacción, se hace a través de la gestión estratégica de abastecimiento desde la Vicepresidencia Administrativa y de Relaciones Externas de la Empresa controlada.
¿Respalda el Corporativo la determinación de la visión y el plan estratégico de abastecimiento de la Empresa controlada?									X		Se tiene formulado un plan estratégico de abastecimiento del Corporativo que la empresa controlada implementa a través del actuar de la función de Abastecimiento en la Vicepresidencia Administrativa y de Relaciones Externas.
¿Respalda el Corporativo la articulación de un plan periódico de compras y contratación?								X			La empresa controlada ha desarrollado la gestión estratégica de su abastecimiento en un trabajo muy cercano y de manera coordinada con el Corporativo. La empresa controlada cuenta con una herramienta SAP para planear el PACC.
¿Respalda el Corporativo el desarrollo de sondeos o investigaciones de mercado?								X			La empresa controlada siempre cuenta con el respaldo del Corporativo, en cualquier momento para este tipo de análisis. El Corporativo siempre ha asesorado y apoyado estos nuevos esquemas desarrollados en la empresa controlada.
¿Respalda el Corporativo la solución de consultas e inquietudes en temas de abastecimiento?									X		La empresa controlada siempre ha contado con este respaldo y apoyo.
¿Respalda el Corporativo la valoración e implementación de nuevos conceptos en términos de abastecimiento?									X		La empresa controlada siempre ha contado con este respaldo
¿Respalda el Corporativo la identificación, desarrollo e implementación de estrategias de abastecimiento, en especial de bienes y servicios críticos?								X			La empresa controlada siempre ha contado con este respaldo y apoyo y se han logrado materializar, formular e implementar estrategias de alto impacto.
¿Orientación y respaldo desde el Corporativo en la construcción y fortalecimiento de las relaciones con proveedores y contratistas?								X			La empresa controlada siempre ha contado con este respaldo y apoyo y se han llevado a cabo conjuntamente el proyecto de registro y homologación de proveedores.
¿Lineamientos desde el Corporativo en la articulación de sistemas de gestión de información de proveedores y de desempeño de los mismos?								X			
¿Relacionamiento con el Corporativo en términos de reportes e informes regulares y periódicos?							X				
¿Identificación por parte del Corporativo de oportunidades de agregación de la demanda con otras empresas del Corporativo, para obtener economías o mejores condiciones de mercado?							X				
¿Intervención del Corporativo en facilitar el relacionamiento con otras empresas controladas de la Empresa, para compartir experiencias y lecciones aprendidas?							X				
13 ¿Acompañamiento desde el Corporativo en temas de negociación de ofertas y/o manejo de reclamos?							X				

	5	4	3	2	1		X			
¿Respaldo desde el Corporativo para la capacitación y entrenamiento interno, del personal de compras en temas de abastecimiento y acreditación con entes internacionales?							X			La empresa controlada siempre ha contado con este respaldo y apoyo y ha desarrollado proyectos conjuntos de capacitación de sus colaboradores, con la participación de la función de compras del Corporativo y profesionales externos expertos en compras y abastecimiento.
¿Autonomía frente al Corporativo en la gestión directa del abastecimiento?							X			

- Frente a su propia gestión de abastecimiento: Centralización en términos de responsabilidad en el abastecimiento de bienes y servicios estratégicos y delegación o tercerización del abastecimiento transaccional o rutinario; gestión de inventarios y operación de almacenes y bodegas.

Conceptos	Debilidades					Fortalezas				
	5	4	3	2	1	1	2	3	4	5
¿Responsabilidad directa, dedicación exclusiva y control del Abastecimiento de todos los bienes y servicios bienes y servicios requeridos por la empresa controlada?			X							
¿Responsabilidad directa y dedicación exclusiva a la gestión de inventarios?				X						
¿Delegación interna del Abastecimiento de bienes y servicios transaccionales o rutinarios - Bajo costo; bajo impacto/riesgo - a otras funciones de la organización?		X								
¿Tercerización del abastecimiento de bienes y servicios transaccionales o rutinarios - Bajo costo; bajo impacto/riesgo -?			X							
¿Delegación interna del Abastecimiento de bienes y servicios técnicos?			X							
¿Se maneja en su totalidad la cadena de abastecimiento incluyendo las compras en el exterior; la	X									

consolidación de carga en el exterior; los procesos de gestión aduanera; transporte local; gestión de inventarios y operación de almacenes y bodegas?											
¿Se responde por la disposición de excedentes?											
¿El personal de compras está centralizado bajo la misma área o función responsable de compras?	X										
¿El personal de compras está ubicado directamente en las áreas de los clientes y solo se ejerce una coordinación desde un nivel central?	X										
¿El personal de compras y almacenes, se dedica exclusivamente a esta función?										X	
¿El personal de compras y almacenes realiza esta función como parte de un rol técnico?							X				
¿El personal de compras y contratación se caracteriza por ser especialista por categorías y subcategorías?								X			
¿El personal de compras y contratación se caracteriza por ser generalista por grupo de clientes?		X									
¿El personal maneja un adecuado balance de cargas de trabajo?						X					
¿Se cuenta con personal acreditado en procesos de abastecimiento?										X	
¿Se advierten brechas importantes del personal de compras y almacenes en las competencias de su especialidad?					X						
¿La función de compras y almacenes										X	

Pregunta									
está centralizada geográficamente? o ¿debe atender un número importante de centros de acopio y consumos?									
¿La contratación a mediano o largo plazo es una objetivo de la función o por el contrario un volumen importante del abastecimiento se realiza a corto plazo - menos de un año -							X		
¿Se cuenta con un sistema computarizado de información y gestión - ERP - para los procesos de abastecimiento y gestión de almacenes?									
¿Se tiene en marcha un plan periódico de compras y contratación - PACC -?									X
¿Se cuenta con un registro activo de gestión de información de proveedores?									X
¿Se aplica de manera consistente un sistema de evaluación de desempeño de proveedores y contratistas?							X		
¿Se tiene en marcha un proceso de homologación de proveedores?							X		
¿Se han desarrollado, pactado y puesto en marcha acuerdos de niveles de servicio con clientes internos?						X			
¿Se cuenta con un tablero de control de indicadores de las funciones de compras y abastecimiento y de gestión de almacenes?									X

Organización por segmentos y sectores estratégicos

Este análisis se facilita, si inicialmente se precisan los siguientes términos:

- **Segmento estratégico**: Grupo de empresas o sectores afines que presentan suficientes condiciones de homogeneidad que tendrán que ver no solo con el servicio o bien; el mercado; la tecnología y la función, sino también con el comportamiento de sus proveedores, su experiencia, su competencia y que pueden utilizar estrategias similares

- **Sector estratégico**: Nicho del mercado que abarca bienes o servicios relacionados; en el que se da una competencia real y es posible formular una estrategia. Usualmente presenta cadenas autónomas y significativas de suministro y sinergias y oportunidades para agregar o integrar gastos y/o actividades

La segmentación estratégica intenta cubrir las fallas de la división tradicional de la actividad de la Empresa en elementos de producto, mercado y tiempo, substituyéndolo con otra división, más realista, en sectores estratégicos.

La estrategia empresarial se desarrolla entonces en tres niveles: el nivel de las estrategias sectoriales que se fusionan en estrategias del segmento estratégico para finalmente, integrarse en la estrategia global de la empresa. La base del análisis estratégico es entonces la segmentación en sectores homogéneos para compararse con la competencia y para la asignación de recursos.

A continuación se describen esquemas referentes de organización de distintas empresas en el sector energía:

Segmento: Industria petrolera

- Sector operación y mantenimiento.
  - ➤ Estrategias sectoriales:
    - ✓ Planta.

- ✓ Inventarios.
- Sector ingeniería y construcción.
  - ➢ Estrategias sectoriales:
    - ✓ "Locaciones".
    - ✓ Líneas de flujo
- Sector perforación y servicios asociados.
  - ➢ Estrategias sectoriales:
    - ✓ Taladros.
    - ✓ Well services: Fluidos; down hole; completamiento.
    - ✓ Intervenciones; well placement.
- Sector respaldo al negocio
  - ➢ Estrategias sectoriales:
    - ✓ Vigilancia.
    - ✓ Campamentos.
    - ✓ Transporte aéreo.

Segmento: Transmisión de energía.

- Sector planeación y nuevos negocios.
  - ➢ Estrategias sectoriales:
    - ✓ Identificación, evaluación y valoración de oportunidades.
    - ✓ Recomendar nuevos proyectos al regulador.
- Sector ingeniería y construcción
  - ➢ Estrategias sectoriales:
    - ✓ Diseño y construcción de líneas.
    - ✓ Subestaciones.
- Sector mantenimiento de líneas.
  - ➢ Estrategias sectoriales:
    - ✓ Línea viva
    - ✓ Obras de estabilización geotécnica:
      - ▪ Diseño
      - ▪ Construcción
- Sector operación y mantenimiento de sub - estaciones.
  - ➢ Estrategias sectoriales:
    - ✓ Mantenimiento en general.
    - ✓ Servicios de operación.
    - ✓ Pruebas y protecciones.
    - ✓ Sistemas de comunicación.

Segmento: transporte de gas

- Sector operación y mantenimiento.
  - ➢ Estrategias sectoriales:
    - ✓ O&M gasoductos.
    - ✓ O&M estaciones de compresión (mantenimientos regulares, top end overhauls, entre otros).
    - ✓ Mantenimientos a equipos de medición.
    - ✓ Mantenimientos al derecho de vía (obras de geotecnia).
    - ✓ Mantenimientos a la integridad de la tubería (corrida de herramientas inteligentes o marranos inteligentes, sistemas de protección catódica, monitoreo remoto, entre otros).
    - ✓ Reparaciones por emergencias.
- Sector ingeniería y construcción.
  - ➢ Estrategias sectoriales:
    - ✓ Proyectos de Infraestructura de transporte:
    - ✓ Construcción de «loops».
    - ✓ Infraestructura de nuevas estaciones de compresión.
    - ✓ Nuevas conexiones de city gates.
    - ✓ Ingeniería de detalle para proyectos de gasoductos y estaciones de compresión).
- Sector nuevos negocios.
  - ➢ Estrategias sectoriales:
    - ✓ Consultorías para análisis del actual mercado de energía y su proyección así como la oportunidad de aprovechamiento de sinergias con otros sectores de la economía. (Ejemplo: El aprovechamiento del derecho de vía de todo el sistema de transporte puede dar origen a un nuevo negocio de alianza estratégica con empresas del sector de telecomunicaciones, aprovechando la ventaja y cobertura geográfica de ese derecho de vía para tender redes de fibra óptica por todo el territorio nacional).
- Sector respaldo al negocio.
  - ➢ Estrategias sectoriales:
    - ✓ Vigilancia.
    - ✓ Campamentos.

- ✓ Transporte aéreo.
- ✓ Outsourcing de archivo y gestión documental.
- ✓ Outsourcing de cafetería.
- ✓ Convenios con comunidades y zonas de influencia.
- ✓ Gestión de tierras.

Segmento: Cadena logística

- Sector consolidación de carga.
  - ➢ Estrategias sectoriales:
    - ✓ Carga suelta.
    - ✓ Contenedores.
- Sector transporte internacional.
  - ➢ Estrategias sectoriales:
    - ✓ Transporte marítimo.
    - ✓ Transporte aéreo.
- Sector Agenciamiento aduanero.
  - ➢ Estrategias sectoriales:
    - ✓ Importación/exportación.
    - ✓ Tránsitos aduaneros.
    - ✓ Figuras aduaneras.
- Sector transporte terrestre.
  - ➢ Estrategias sectoriales:
    - ✓ Tubería.
    - ✓ Materiales peligrosos.
    - ✓ Granel.

Organización por categorías

Abastecimiento se organiza por categorías afines, que se agrupan bajo la responsabilidad de un líder estratégico o de dominio, quien debe mantener la visión integrada de todas las categorías a su cargo, asegurando alineación y sinergia entre ellas. Este líder responde por la identificación, supervisión y ejecución de las estrategias por categoría.

Ejemplo de este tipo de organización, puede ser el siguiente:

37

- Dominio de servicios generales
  - ➢ Reparaciones locativas.
  - ➢ Útiles de escritorio y papelería.
  - ➢ Aseo y cafetería.
  - ➢ Servicios inmobiliarios.
  - ➢ Casino.
  - ➢ Viajes y hoteles.
- Dominio de servicios de consultoría.
  - ➢ Servicio temporales de personal.
  - ➢ Gestión de nómina.
  - ➢ Administración de jubilados.
  - ➢ Pago a proveedores.
- Dominio de servicios financieros
  - ➢ Bancarios.
  - ➢ Mercadeo.
  - ➢ Seguros.
- Dominio de servicios logísticos.
  - ➢ Transportes marítimo, aéreo y terrestre.
  - ➢ Intermediación aduanera.
  - ➢ Transporte de personal.
- Dominio de servicios de MRO «maintenance, repair & operations»
  - ➢ Repuestos.
  - ➢ Herramientas.
  - ➢ Equipos de protección personal.
  - ➢ Combustibles y lubricantes.
  - ➢ Químicos.

Debate «Licitación o solicitud de ofertas»

Antes de seguir avanzando, conviene contrastar el término que se ha venido utilizando de "solicitud de ofertas", conocido comúnmente también como «invitación a oferentes», con el término de «licitación».

El proceso de licitación ha sido común denominador, y práctica regular de la contratación administrativa.

El código de Comercio colombiano en su artículo 830 establece que: «En todo género de licitaciones, públicas o privadas, el pliego de cargos constituye una oferta de contrato y cada postura implica la celebración de un contrato condicionado a que no haya postura mejor. Hecha la adjudicación al mejor postor, se desecharán las demás».

A su vez, el decreto número 222 del 2 de febrero de 1983, por el cual se expidieron normas sobre contratos de la Nación y sus entidades descentralizadas, entendía por licitación: «Procedimiento mediante el cual previa invitación, la entidad contratante selecciona entre varias personas en igualdad de oportunidades, la que ofrezca mejores condiciones para contratar»

Refiriéndose al artículo del Código de Comercio antes mencionado, los tratadistas Guillermo Ospina Fernández y Eduardo Ospina Acosta, en su libro «Teoría General de los actos o negocios jurídicos» del Editorial Temis librería, comentan:

«Es ésta una de las formas más criticables que trae el código de comercio en cuanto a la formación de las convenciones.

En primer término, el artículo tergiversa el concepto usual y lingüístico de lo que es una licitación, que, en sentido estricto, es la acción de licitar o sea "de ofrecer precio en subasta o almoneda" y, en un sentido más amplio, es la oferta de un precio, o de un bien, o de un servicio, a invitación de quien abre la licitación.

De manera que en la licitación el oferente es el licitante o licitador, y no quien la abre, formule éste o no un pliego de cargos para oír las ofertas que se le hagan. Según el texto comentado los papeles se invierten: quien invita a ofrecer resulta ser el oferente y quien licita o hace postura resulta ser el aceptante. De ahí la idea extravagante que el propio texto consagra, según la cual entre el pliego de cargos y cada una de las posturas se forma "un contrato condicionado a que no haya postura mejor". Así, está imaginaria multiplicación de contratos se declara extinguida in limine, porque todas las obligaciones resultantes de éstos «menos uno, el de mejor postor» nacen muertas antes que las ofertas o posturas hayan sido consideradas por quién abrió la licitación y está llamado aceptar alguna de ellas.

Al tergiversar el proceso de la licitación, invirtiendo los papeles que en ésta desempeñan quien la abre y los licitantes, crea la Ley una inaudita aceptación obligatoria que ya no depende del verdadero destinatario de las posturas, sino de quien (quizá el juez) haya de aplicar ese vago criterio, el del "mejor postor" para elegir entre los varios licitantes al que, en su opinión y no en la del realmente interesado, parezca ser el tal mejor postor».

Para mitigar la posibilidad de que fuera un juez quien finalmente decidiera la adjudicación de un contrato, las empresas especialmente del sector público, optaron por establecer una serie de causales, en caso de ser necesario declarar desierto un proceso y así se podría terminar unilateralmente y sin justificación lo cual descarta indemnización alguna. No obstante lo anterior se debe tener en cuenta que declarar desierta una licitación es un evento excepcional.

Una pregunta que surge en este caso, es ¿si la Empresa puede declarar desierta la licitación aún si los oferentes, todos o algunos de ellos, cumplieron con los requisitos de la licitación? La respuesta es sí. La Empresa se reserva esa facultad en los pliegos y la presentación de las ofertas, es una aceptación de esa posibilidad por parte de los oferentes. Por supuesto, esta facultad no debe utilizarse de manera caprichosa, ni abusiva y al interior de la Empresa deben existir justificaciones claras y suficientes para tomar una decisión de esta naturaleza.

Las empresas privadas por su parte, han encontrado su mejor acomodo en el campo de « solicitud de ofertas», que se ha convertido en la buena práctica que se observa muy frecuentemente en los avisos de prensa.

La diferencia entre los dos enfoques no es ostensible y tal vez estriba principalmente en el tema de declarar desierto el proceso y las implicaciones que pueden surgir para la Empresa por tomar esta decisión en términos de indemnizaciones.

Una prueba de la dificultad de establecer la diferencia se observa, en los dos mapas mentales siguientes que surgieron después de una larga discusión del tema, en una empresa del sector energía. Como se aprecia las diferencias surgen de considerar temas muy alejados de la órbita jurídica o legal que debería ser el real campo de análisis.

Macro proceso de selección de contratistas

Relacionamiento y desarrollo de oferentes, proveedores y contratistas

Este relacionamiento puede entenderse como: "un telar sorprendente en el cual contratantes con oferentes, contratistas y proveedores «sus grupos de interés»; en un marco de políticas, procesos, procedimientos van tejiendo un diseño en permanente transformación, buscando una cambiante armonía mutua de metas, objetivos e intereses".

Enfrentado el autor en una consultoría con la mejor manera de enfocar este tema, planteó inicialmente como punto de partida, la identificación y diagnóstico de los «momentos de verdad»; ese intangible cuyo valor solo se conoce, cuando se observa la relación entre la Empresa y sus grupos de interés "en este caso, el genérico de proveedores" en los dos grandes macro procesos en Abastecimiento:

• La selección de proveedores y contratistas y
• La gestión de contratos y órdenes de compra.

Revisada la cadena de Abastecimiento con este propósito en mente, se reconocieron momentos de verdad que de otra manera se hubieran pasado por alto, desaprovechando la magia y las sorpresas agradables que se pueden derivar de dichos momentos.

Se estableció también la posibilidad de armonizar dichos momentos con las buenas prácticas, para fortalecerlos.

La tabla siguiente describe los principales momentos de verdad en el macro proceso de selección de proveedores, asociados con buenas prácticas u oportunidades de mejora:

Momentos de verdad	Buenas prácticas
	Validar desarrollos amigables, que han implantado otras empresas en sus propios registros.
	Asegurar cobertura de temas de avanzada como: • Responsabilidad Social Empresarial - RSE - o • Creación de Valor Compartido - CVC -. • Compras verdes.
Registro de proveedores	Modular el registro de acuerdo con el Plan Anual de Compras y Contratación para: • Permitir la inscripción con información muy básica de aquellos potenciales oferentes para cuyos servicios, el PACC no identifica ninguna necesidad en el siguiente periodo a contratar, pero que en el caso de que surja, se puedan llamar para que procedan a un registro formal. • Permitir la inscripción de aquellas combinaciones de servicios que han surgido como consecuencia de cambios en el comportamiento del mercado, por ejemplo: Aseo y cafetería con papelería. • Promover acuerdos y desarrollo sinérgicos con aliados como las Cámaras de Comercio, entes gremiales y similares para asegurar una mayor cobertura de información. • Generar tempranamente las "listas largas" de potenciales oferentes, según necesidades identificadas en el PACC. • Contribuir a la optimización de los procesos de solicitud de ofertas, al evitar la presentación de documentación e información ya solicitada en el registro. • Incluir de manera integral, información sobre desempeño de proveedores, no como interface sino como parte integral del registro.

	• En el caso de conglomerados empresariales, extrapolar el registro de la "casa matriz" a las empresas del Grupo.

Aprovisionamiento	• Efectuar consultas periódicas al mercado sobre categorías de bienes y servicios.
	
	• Desarrollar sondeos puntuales de mercado, según nivel de riesgo, impacto y costo del servicio o suministro con base en las "listas largas" de potenciales oferentes, enfatizando en solicitar información sobre:
	  ➤ Indicadores de desempeño.
	  ➤ Riesgos propios del servicio o suministro.
	  ➤ Lecciones aprendidas por los oferentes en procesos anteriores.
	
	• Sostener reuniones presenciales "pre contractuales" con grupos seleccionados de potenciales oferentes para revisar descripción de los servicios o especificaciones técnicas con el propósito de:
	  ➤ Recibir mejores ofertas técnicas y por ende
	  ➤ Mejores ofertas comerciales.
	
	• Colocar a disposición de los oferentes, los mosaicos de potenciales subcontratistas rutinarios o de oferta local y regional que ha identificado la Empresa y que además viene desarrollando.
	
	• Evitar el recibo de ofertas los días viernes. El fin de semana es un tiempo apreciado por los oferentes para completar detalles de sus ofertas.
	
	• En el caso de ofertas en el sector energía que se caracterizan por su alto riesgo, debería independizarse una oferta para satisfacer las exigencias en HSE.
	
	• Solicitar a las empresas que siendo invitadas finalmente no presentaron ofertas, las razones que tuvieron para no hacerlo e identificar las lecciones derivadas de dichas respuestas.
	
	• Solicitar en las ofertas información sobre los potenciales sub contratistas:
	  ➤ Detalles del sub contratista.
	  ➤ Alcance de la subcontratación
	  ➤ Monto de la misma.

	• Especialmente en contratos a mediano o largo plazo, traducir las brechas entre los puntajes obtenidos en la calificación de los factores técnicos y los puntajes ideales esperados en planes de mejoramiento, antes de suscribir el contrato. La disyuntiva es definir: ➢ Si se exigen contractualmente o ➢ Si se acuerdan, como "pacto de caballeros". • Retroalimentar a los oferentes no favorecidos sobre la calidad de sus ofertas, en búsqueda de mayor asertividad en futuros procesos; actividad a desarrollarse una vez perfeccionado el contrato, con el contratista seleccionado.

No obstante, también se registró que la preocupación de las Empresas, por promover el desarrollo de proveedores y contratistas, colocando un especial énfasis en la oferta local y regional, es asimétrica. Se concentra en las etapas previas, muy próximas a la apertura de procesos de compras y contratación y a la prestación de servicios y suministros de bienes.

En estas circunstancias se limita la posibilidad de generar valor y dinamizar los mercados porque se deja de lado una masa crítica de proveedores y contratistas que, finalmente o no fueron considerados en las «listas cortas» para presentar ofertas o incluidos en dichas listas, finalmente no fueron seleccionados.

Un espacio prácticamente inexplorado en el relacionamiento con proveedores, es el comprendido entre el momento en que un potencial oferente es aceptado para inscribirse en el registro y, cuando es invitado a presentar su oferta. Es aquí donde pueden plantearse oportunidades de desarrollo y crecimiento de dichos oferentes, sin que necesariamente se haya entrado en una relación comercial específica. Sin embargo muchas empresas contratantes, desperdician este espacio en el cual, los potenciales oferentes entran en hibernación. No existen momentos de verdad de ningún tipo, escasamente el de actualizar su información periódicamente.

Este espacio podría dedicarse a interactuar de manera directa con los oferentes, tanto para compartir con este grupo de interés, lineamientos estratégicos así como para escuchar, identificar y diagnosticar debilidades estructurales de las empresas registradas y oportunidades de mejora en el relacionamiento mutuo.

Se cuenta con un activo importante sub utilizado, el tiempo que muy seguramente dichas empresas, estarían dispuestas a emplear en la disminución de brechas y fortalecimiento de su competitividad, mediante programas de capacitación y entrenamiento, conocimiento y aplicación de buenas prácticas a través de componentes únicos en términos de impacto, sostenibilidad e innovación.

Las competencias empresariales de proveedores y contratistas podrían agruparse y desarrollarse, buscando trasferencia de conocimiento, mediante programas específicos en áreas, como por ejemplo:

- Técnicas.
- Administrativas y de organización.
- Financieras.
- Tecnológicas.
- Gestión de calidad.
- Gestión medioambiental y
- Gestión en sistemas en seguridad y salud ocupacional «SISO».
- Innovación y desarrollo.

El crecimiento de los oferentes en estos aspectos, se puede supervisar bajo calificaciones continuadas de calidad, entrega, servicio y cumplimiento de las competencias acordadas.

Un ejemplo en esta línea, es el de la administración de una de las principales ciudades de Colombia que tiene como uno de sus objetivos principales democratizar el abastecimiento mediante la construcción de cadenas de proveedores de bienes y servicios, así como permitir la inserción al sector productivo de bienes y servicios ofrecidos por poblaciones especialmente vulnerables entre ellas:

desplazados, discapacitados, desempleados, empleados informales y micro, pequeñas y medianas empresas. La democratización busca la participación del mayor número posible de oferentes especialmente provenientes de Mipymes, así como de población vulnerable.

Una de las empresas de la ciudad, con el concurso de una consultora, identificó un grupo de competencias empresariales comunes a este tipo de empresas, en las cuales se advertían debilidades que comprometían su capacidad de competir con éxito. Algunas de estas competencias eran: Planeación estratégica; como constituir una empresa; gestión del talento humano; pautas para presentar ofertas económicas; análisis financiero y manejos contables.

Para vencer las brechas identificadas, la empresa promovió una red conformada por empleados que tenían las destrezas requeridas y que se ofrecieron voluntariamente a disminuir las brechas de las Mipymes, acompañándolas además en la implantación de los planes de mejoramiento identificados.

Las etapas de este programa de desarrollo se muestran a continuación:

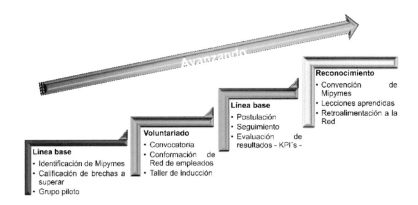

El relacionamiento y sus atributos

Pero antes de plantear un modelo de crecimiento del relacionamiento, es necesario reflexionar sobre tres atributos en los cuales debería sustentarse el relacionamiento y que, poco o nada se consideran y de cuya consideración será posible articular las oportunidades, procesos y programas de desarrollo y crecimiento de dichos oferentes

Valor percibido

Este tiene que ver con ¿cómo los grupos de interés perciben a la Empresa en general y, a Abastecimiento en particular?

Intentando adaptar a este tema, el concepto de valor percibido definido por Valarie A. Zeithaml (1988); podría decirse que el valor percibido es el «juicio general que realizan el contratista, el proveedor o la comunidad acerca de la utilidad de la mutua relación, basándose en las percepciones de lo que dan y lo que reciben».

Se requiere entonces que la Empresa efectúe un análisis del entorno, y particularmente de la competencia y de sus grupos de interés, lo que permitirá identificar cómo la perciben.

De hecho, existe una relación directa entre la percepción de valor por parte de los grupos de interés y lo que estarían dispuestos a dar, recibir o arriesgar en la relación, valorando el costo de dicho intercambio.

El análisis de los grupos focales de abastecimiento, frente al valor percibido debe explorar temas como:

Análisis del entorno de la Empresa.

- ¿Percepciones de los proveedores y contratistas actuales y potenciales, acerca de la Empresa?
- ¿Cuáles son los beneficios esperados por oferentes, proveedores y contratistas acerca de las oportunidades que puede brindar la Empresa?

- ¿Cómo han sido los acercamientos iniciales con la Empresa: puntos positivos, negativos y neutros?
- ¿Cuáles son las ventajas que obtienen al establecer relaciones comerciales con la Empresa?
- ¿Encuentran pleno entendimiento y satisfacción de sus necesidades y expectativas?
- ¿Cuáles son los aspectos más relevantes de las relaciones de la Empresa, con sus grupos de interés?
- ¿Cuáles son los puntos débiles?
- ¿Prefieren a la Empresa frente a empresas similares, en la misma zona de influencia?
- ¿Qué deben hacer de manera mancomunada la Empresa, sus proveedores, contratistas y comunidades para la construcción de entornos más seguros, prósperos y ambientalmente sostenibles?

Este análisis deberá de igual manera, identificar los factores clave de éxito que permitan obtener un diagnóstico de la manera como los proveedores de la empresa "valoran" el relacionamiento con la Empresa.

Ejemplo de factores clave de éxito pueden ser: Reglas claras; transparencia en los procesos; competencia sana y abierta; oportunidad y fluidez en el proceso de pagos; relaciones comerciales con empresas legalmente constituidas y mediante instrumentos contractuales formales; atención especial a aquellos proveedores que circunstancialmente puedan estar atravesando dificultades, en su accionar comercial o administrativo,

Es necesario también conocer aquellas empresas en la misma área de influencia, que buscan atender sus necesidades de bienes y servicios, con el mismo grupo de proveedores y contratistas y explorar éstos cómo las perciben.

Este análisis permitirá:

- Identificar porque los proveedores prefieren mantener relaciones comerciales con la Empresa y no con otras.

- Identificar acciones para mejorar la percepción de valor recibido, por parte de los grupos de interés.

- Segregar categorías de proveedores, cuyas necesidades no están bien atendidas.

- A la hora de tomar decisiones estratégicas, permite darse cuenta del mayor o menor nivel de valor percibido por los grupos de interés y definir así, el tipo y monto de las inversiones requeridas para lograr un nivel aceptable.

Empatía

El periodista Sebastián Campanario en artículo de prensa «La empatía se vuelve un gran activo empresarial», en el Diario La nación de Argentina, comenta:

"Denostada durante décadas por ser una «habilidad blanda», casi imposible de medir y fuente de estudios y conclusiones muy subjetivas, la empatía viene ganando terreno y protagonismo recientemente en estudios de economía, empresas y liderazgo.

La capacidad de ponerse en los zapatos de otra persona se ha puesto en valor como diferencial humano ante el avance del trabajo automatizado, como una variable para mejorar el desempeño de los equipos y hasta como una alternativa exitosa para los programas empresariales de diversidad de género, que parecen no estar mostrando los resultados que se esperaban……..

Las interacciones diarias de una empresa pueden monitorearse, medirse y conformar un "índice de empatía" que permita saber la dimensión agregada de esta habilidad, en una determinada compañía…….

Existe escepticismo sobre las posibilidades de que las empresas adopten masivamente programas de empatía y es una lástima porque en algunos sectores, *por ejemplo el del relacionamiento con oferentes, proveedores y contratistas*, la empatía puede ser clave en el logro de resultados sobresalientes *para ambas partes*………

La empatía se puede aprender y cuando más temprano esto suceda *en las relaciones inter empresas*, mejor. La mala noticia es que las mediciones agregadas de empatía a nivel global, están arrojando resultados preocupantes"........

Cuando se anticipa que las relaciones entre Abastecimiento y un contratista o proveedor empiezan a mostrar signos de resquebrajamiento, o cuando ya se ha presentado una ruptura, el utilizar por ejemplo la ventana de Johari, concebida originalmente por los psicólogos Joseph Luft y Harry Ingham como una herramienta de psicología cognitiva para ilustrar los procesos de interacción humana - debidamente adaptada al campo empresarial - ha demostrado ser muy útil para propiciar el colocarse en los zapatos de la contraparte en un ejercicio empático que supone entender el «dolor o en sufrimiento» de la otra parte.

Este tipo de acercamiento no debería limitarse exclusivamente a momentos de crisis, por el contrario sería de mucha ayuda en los etapas exploratorias aquí comentadas, en las cuales se quiere medir el valor percibido de los grupos de interés, frente a la Empresa.

Confianza

Puede ser el aglutinante adecuado en las relaciones de la Empresa con sus proveedores y contratistas. Se encuentran referencias recurrentes a la importancia de fortalecer las relaciones de confianza con oferentes, proveedores y contratistas.

Es un lugar común, que induce a pensar que es un tema discutido a profundidad en su alcance e implicaciones. Pero realmente solo se toca de manera marginal y genérica en seminarios, cursos y eventos similares, sin relacionarlo específicamente con los actores del universo del Abastecimiento.

Esta es, en consecuencia apenas una aproximación al tema, sin pretender agotarlo. El propósito ulterior es despertar el interés en especular sobre como éste, es un ingrediente activo en el relacionamiento entre proveedores y contratistas.

Frank Fukuyama en su libro «Confianza» llama la atención sobre los siguientes temas:

"Casi todos los observadores serios entienden que las instituciones políticas y económicas liberales dependen de una sociedad civil fuerte y dinámica que garantice su vitalidad. La sociedad civil «una compleja mezcla de instituciones intermedias, incluyendo empresas, asociaciones de voluntarios, instituciones educativas, clubes, sindicatos, medios de difusión, entidades caritativas e iglesias» se asienta, a su vez en la familia que es el instrumento primario por medio del cual el ser humano es socializado y recibe las habilidades que le permiten vivir en una sociedad más amplia......

Una de las lecciones más importantes que podemos aprender del análisis de la vida económica es que el bienestar de una nación, así como su capacidad para competir, se encuentran condicionados por una única y penetrante característica cultural: el nivel de confianza inherente a esa sociedad.......

El sociólogo James Coleman ha denominado « capital social», la capacidad de los individuos de trabajar junto a otros, en grupos y organizaciones, para alcanzar objetivos comunes. La capacidad de asociación depende, a su vez del grado en que los integrantes de una comunidad comparten normas y valores, así como de su facilidad para subordinar los intereses individuales a los más amplios del grupo........

La confianza es la expectativa que surge dentro de una comunidad de comportamiento normal, honesto y cooperativo, basada en normas comunes, compartidas por todos los miembros de esa comunidad.......

El capital social es entonces, la capacidad que nace a partir del predominio de la confianza en una sociedad o en determinados sectores de ésta; este tipo de capital difiere de otras formas de capital humano en cuanto a que, en general, es creado y trasmitido mediante mecanismos culturales como la religión, la tradición o los hábitos históricos…

Las organizaciones más eficientes se hallan establecidas en comunidades que comparten valores éticos. En esas comunidades no se requieren extensos contratos ni una regulación legal de sus relaciones porque el consenso moral previo provee a los miembros del grupo de una base de confianza mutua……

Adquirir capital social exige habituarse a las normas morales de la comunidad y fortalecer virtudes como la lealtad, la honestidad y la confiabilidad……

La desconfianza ampliamente difundida en una sociedad, impone una especie de impuesto a todas las formas de actividad económica, impuesto que no pagan las sociedades con un alto nivel de confianza interna……

Una sociedad con alto nivel de confianza puede estructurar sus empresas, con modelos que incluyan mayor flexibilidad y orientación hacia el trabajo en equipo y posean criterios de mayor delegación de la responsabilidad, hacia los niveles más bajos de la Empresa.

Las virtudes sociales incluyendo la honestidad, la confiabilidad, la colaboración y el sentido de deber con el prójimo, son de importancia crítica para generar las virtudes individuales…….

Las empresas están descubriendo que pueden producir los mismos bienes, no mediante un cambio en la tecnología, sino procurando que sus empleados y sus proveedores trabajen en equipo…….

Se puede argumentar que las virtudes sociales constituyen un requisito para el desarrollo de virtudes individuales como la ética del trabajo, dado que estas últimas pueden ser cultivadas idealmente en el contexto de grupos fuertes - familias, escuelas, lugares de trabajo - que son fomentados en sociedades con alto grado de solidaridad social……

El contrato y todos sus sistemas afines de obligaciones y

penalidades, aplicados a través del sistema legal, surgieron como mecanismo capaz de cubrir el vacío dejado por la ausencia de la confianza existente, por lo general en las familias»……..

Tanto la Empresa como sus contratistas y proveedores, de común acuerdo adoptarán normas de comportamiento, que:

- Reconozcan que toda organización, toda empresa, tiene sus propias normas de comportamiento, y éstas influyen en el nivel de confianza de sus miembros y condicionan determinados comportamientos.
- Mientras más claras y respetadas sean éstas, con mayor confianza se desenvolverán sus miembros.
- Mientras más confusas sean, y más arbitrariamente sean consideradas o aplicadas, mayor será la desconfianza con la que se opere.
- Toda norma de comportamiento tiene un determinado efecto en la confianza.

El tejido relacional entre Abastecimiento y sus grupos de interés, se puede enriquecer mediante espacios de confianza, como se observa en el mapa mental siguiente:

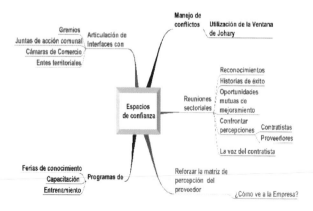

El relacionamiento de la Empresa con sus oferentes y proveedores, expresado en términos de confianza, requiere que trabajen en una atmósfera abierta y de confianza para mejorar la calidad de los bienes suministrados y los servicios prestados, optimizando su costo total evaluado.

Se debe fomentar no solo durante la ejecución del contrato, sino en las etapas tempranas del relacionamiento, un diálogo y una relación, que abra nuevos caminos para identificar y tomar acciones preventivas y correctivas sobre asuntos claves que puedan afectar la relación en términos de calidad, el desarrollo, plazos y costos. Se promueve la identificación de oportunidades específicas en cada una de aquellas áreas, en las cuales un acercamiento de cooperación, pueda producir resultados de beneficio mutuo.

Los indicadores de desempeño planteados para medir los distintos momentos de verdad, tienen un doble propósito y se usarán en forma constructiva, para:

- Primero: Monitorear y ayudar a cumplir con los objetivos acordados entre las Partes.
- Segundo: Ofrecer un control y aseguramiento para garantizar que los compromisos adquiridos se cumplan de manera satisfactoria y, ayuden a identificar áreas que requieren mejoramiento.

Conviene cerrar esta reflexión sobre el tema de confianza, con las palabras del Doctor Rafael Echeverría en su libro «La empresa Emergente, la confianza y los desafíos de la transformación», bajo el título la confianza y la acción, página 57. Editorial GRANICA, Buenos Aires. 2.000:

…..«La empresa del futuro será el espacio por excelencia para canalizar buena parte de la capacidad transformadora de los seres humanos. No nos limitamos a sostener que requerirá estar en un proceso de permanente transformación para restablecer una y otra vez su viabilidad y adaptación con su cambiante entorno. Vamos más lejos. Sostenemos que la empresa será, por excelencia, la institución que liderará el cambio, que abrirá mundos nuevos, que transformará constantemente su entorno. El espacio para empresas centradas en la conservación se irá reduciendo progresivamente. Ya lo estamos viendo. La capacidad transformadora le otorgará a la empresa del futuro su gran ventaja competitiva.

La confianza resulta ser, por lo tanto, el gran motor de la acción y muy particularmente del potencial transformador de los seres humanos. Como antecedente de la acción, la confianza (o la falta de ella) representa uno de los rasgos claves del tipo de observador que somos. Sin embargo, la confianza no es sólo un antecedente importante de la acción. Es también un resultado, una consecuencia de la misma. Lo que incide con mayor claridad en el grado de confianza o desconfianza que tengamos, son las acciones que tanto los demás como nosotros mismos ejecutamos»..........

Retomando el proceso de relacionamiento, la siguiente gráfica esquematiza sus posibles etapas de crecimiento:

Los resultados tangibles de este relacionamiento, además del desarrollo específico de competencias empresariales de proveedores y contratistas antes mencionados, deben concretarse en esfuerzos recíprocos y solidarios de la Empresa, sus proveedores, contratistas y comunidades para lograr:

• Proyectos productivos enfocados en la diversificación de las economías locales.
• Inversiones sociales que sin sustituir al Estado, contribuyan a:
  ➢ Satisfacer los indicadores esperados en educación y salud.
  ➢ Preservar y conservar los ecosistemas y las selvas tropicales, evitando la contaminación de los suministros de agua; la deforestación y la erosión causadas por la expansión de las fronteras ganadera y agrícola; las inundaciones; cambiando los sistemas de riesgo para la agricultura.
  ➢ Proveer trabajos alrededor del cuidado de los ecosistemas.
  ➢ Mejorar la calidad de vida de la gente, para alcanzar sociedades económicamente prósperas y con equidad.
  ➢ Promover soluciones de transporte e infraestructura con bajas emisiones.
  ➢ Garantizar comunidades más resilientes, a los efectos del cambio climático.

El relacionamiento con las comunidades podrá agregar mayor valor, si la Empresa de manera mancomunada busca sinergias con entes gubernamentales como gobernaciones, alcaldías y ONG's para aproximarse a las comunidades y de común acuerdo con ellas, identifican sus necesidades en virtud de su vocación productiva, sin que esto signifique sustituir a los entes mencionados, en su acción y responsabilidad.

El triángulo virtuoso del Abastecimiento

Este triángulo virtuoso mostrado a continuación, se sustenta en el atractivo de una figura geométrica, el triángulo equilátero, cuyos lados se asemejan a tres elementos que se supone tienen capacidades iguales y de cuya interacción y confluencia, surge un efecto superior a la suma de los efectos individuales, aplicable en el proceso de Abastecimiento.

Los tres elementos son: Alcance de los servicios, estructuras de costos y presupuesto.

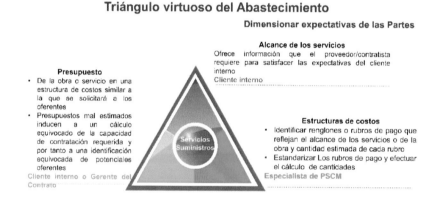

Alcance de los servicios

Los alcances o descripciones de los servicios son necesarios porque:

- Permiten conocer de manera más clara y completa las exigencias, condiciones, restricciones, requisitos y demás condiciones, bajo las cuales se debe prestar un servicio o ejecutar una obra.
- Ofrecen información que le permita al potencial contratista o proveedor, elaborar una mejor oferta técnica.
- Recibir ofertas comerciales con precios y tarifas razonables.

El gráfico siguiente expone las interfaces entre los clientes internos, Abastecimiento y proveedores y contratistas, en términos de acciones y satisfacción de expectativas:

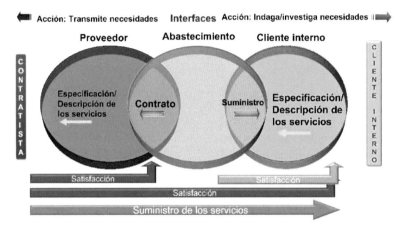

Los clientes internos no siempre cuentan con las competencias y destrezas requeridas para elaborar especificaciones técnicas y particularmente alcances, en el caso de contratos de prestación de servicios. Se encuentran alcances de los servicios incipientes, incompletos o inexistentes; sin cambios significativos desde la última revisión.

Las debilidades e imprecisiones en los alcances, pueden llamar a error a los oferentes en su entendimiento de las necesidades del cliente y por consiguiente a formular propuestas deficientes en su contenido técnico y económico, que no satisfacen las expectativas esperadas.

Para mitigar esta situación una buena práctica para enriquecer el alcance de los servicios en una etapa temprana, antes de proceder a solicitar ofertas, se observa en el esquema siguiente:

Convocar a potenciales oferentes a una reunión comunitaria para revisar en detalle el alcance de los servicios

Incorporar las observaciones y comentarios aceptados para mejorar el alcance de los servicios, buscando recibir mejores ofertas técnicas y económicas

El alcance de los servicios es el punto de partida para asegurar un adecuado proceso de contratación

Esta es una de las fortalezas o destrezas que deben desarrollarse con mayor énfasis en los clientes internos. Recibir mejores ofertas técnicas y económicas, responde al mejor entendimiento del alcance por parte de los potenciales oferentes

Además se requiere que Abastecimiento tenga la destreza para «retar» lo que solicita el cliente, quien muchas veces acostumbra incrementar la cantidad requerida de un rubro con el argumento de que es posible que se quede corto en su proyecciones o en no pocas oportunidades, los estándares solicitados de un bien o las condiciones de un servicio, exceden los mínimos requeridos. Abastecimiento debe hacerse la siguiente pregunta: ¿Qué necesita el cliente vs. Qué quiere el cliente?

Es una responsabilidad, posiblemente indirecta de la función de Abastecimiento, asegurar que sus clientes internos, sean idóneos en la formulación de dichos alcances y efectuar revisiones conjuntas para asegurar la exigencia de requisitos como:

• El levantamiento de procesos y los indicadores claves de desempeño, en el caso de prestación de servicios.
• Tipo, calidad y detalle de los reportes e informes periódicos requeridos.

- Transferencia de conocimiento por parte del contratista, mediante seminarios y talleres.
- Reuniones periódicas de desempeño.
- Empalme en caso de terminación del contrato o de cambio del contratista.
- Balances a manera de cortes anuales, en el caso de contratos a mediano o a largo plazo.
- Acuerdos de niveles de servicios, con clientes internos.
- Matrices de riesgos.
- Lecciones aprendidas.

Estos son elementos comunes en los contratos de servicios, que con frecuencia se pasan por alto o no se consideran adecuadamente en la descripción de dichos servicios.

Acordar el alcance y contenido de algunos de estos elementos con posterioridad al perfeccionamiento del contrato, significa comprometer la capacidad de apalancamiento como Empresa. La actitud de apertura del oferente a suministrar información, comprometerse y negociar, disminuye en la medida en que adquiere la certeza que el contrato es suyo. Una mejor práctica es incluir las responsabilidades antes mencionadas, en el alcance original. De esa manera, es una exigencia común para todos los oferentes.

Suscrito el contrato, no pocas veces se desconoce que el alcance, especialmente en servicios a mediano o largo plazo, es un elemento sujeto a cambio permanente, resultante de los ajustes identificados bien sea por el gerente del contrato o por el contratista. Poco a poco, las dos Partes identifican vacíos, redundancias, oportunidades de mejora que se van distanciando del alcance original y que dependiendo de su impacto deben reflejarse oportunamente en un otrosí.

Al concluir el contrato si ha habido un proceso juicioso de identificación de cambios y ajustes el alcance final de los servicios, éste podría ser muy diferente del original, definiendo nuevas exigencias para un nuevo proceso. El esquema siguiente refleja esta situación:

En la necesidad de elaborar una especificación técnica para un bien porque no se dispone de un estándar o a una norma, el reto para un cliente interno puede ser muy exigente porque es necesario revisar y definir muchísimos factores como los que se indican en el esquema siguiente:

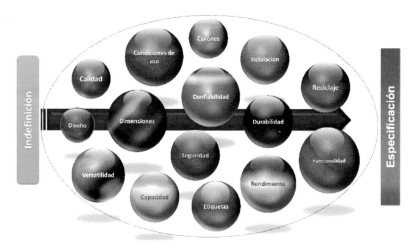

Un ejemplo muy básico, podría ser escribir la especificación para un morral. El mapa mental describe el ejercicio que un grupo de padres y los líderes de un grupo de muchachos scouts, elaboraron para definir las características del morral que utilizarían durante una excursión de 30 días, por varios países en Europa.

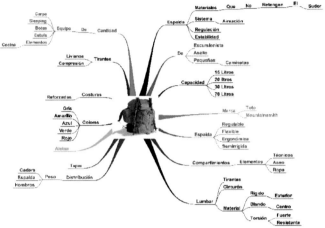

De no haberlo hecho, hubieran podido terminar con un morral de las siguientes características, que no hubiera satisfecho las necesidades y expectativas de ese tipo de excursión:

Un debate continuado al menos en Colombia, en el campo de los contratos de obra pública es el del «pliego tipo», una figura cuyo propósito es evitar las contrataciones amañadas basadas, en «pliegos hechos a la medida» - tailor made - para favorecer a un oferente en particular.

Lo que se advierte con frecuencia es que la entidad contratante, elabora documentos cuyas exigencias casen perfectamente con las particularidades de un solo oferente, lo que impide que exista un proceso competitivo; en la práctica no se garantiza la pluralidad de oferentes, que permita la selección de la empresa más idónea para ejecutar una obra o prestar un servicio.

Un ejemplo de algunas de estas habilidosas exigencias, es exigir que la empresa esté constituida con tres meses y quince días de antigüedad. En otros casos, las entidades contratantes solicitan la presentación de un video, sustentando su oferta y al tratarse de un elemento de valoración subjetiva, se termina calificando mejor a quien haga un despliegue tecnológico, sin que necesariamente respalde las condiciones técnicas o económicas solicitadas.

Son exigencias que se apartan de la necesidad específica, del presupuesto o de la manera que se solicita que se construya una obra o se preste un servicio.

Por supuesto existirán desde el punto de vista técnico y presupuestal, diferencias por factores propios del sitio de la obra o de los servicios, como el costo de materiales, la eficiencia de la mano de obra local, las condiciones climáticas, la infraestructura que hacen que obras y servicios no encajen en una estandarización estricta.

Quienes defienden el pliego tipo, sostienen que:

- Se promueve la pluralidad de oferentes.
- Se fomenta la sana competencia e igualdad de condiciones para todos los participantes.
- Se aumenta la confianza de los inversionistas en el caso de las asociaciones público - privadas (APP).

- Por otro lado este tipo de pliego beneficiaría a las pequeñas y medianas empresas (Mipymes) de ingeniería, las cuales han sufrido históricamente el flagelo de la corrupción, por documentos de solicitud de ofertas, hechos a la medida del contratista relacionado, con el funcionario de turno.
- Se permite a los interesados conocer las condiciones generales de los mismos de manera anticipada.
- Se reducen los tiempos en la preparación de los documentos del proceso.

Esta última consideración no es muy diferente de la buena práctica adoptada por las empresas internacionales de ingeniería, responsables por la ejecución de grandes proyectos, especialmente en el sector de la minería, en lo que toca con simplificar y normalizar no solo los documentos de solicitud de ofertas, cuya denominación en inglés es el «boiler plate», sino también las minutas de los contratos. Una referencia específica a este último aspecto, se detalla en el título «Documentos de solicitud de ofertas».

No obstante las buenas intenciones alrededor del «pliego tipo», tal vez las fisuras que pueden convertirse en grietas proclives a la corrupción, están más próximas a las especificaciones técnicas o a los alcances de los servicios que, a los mismos documentos de solicitud de ofertas o a las minutas de los contratos.

Los sesgos para favorecer a un oferente, son más difíciles de identificar en estas áreas porque tienen la mayoría de las veces un contenido técnico o especializado que, requiere un profundo conocimiento del tema. Por eso la buena práctica comentada en este mismo título de invitar a un selecto grupo de oferentes a revisar alcances y especificaciones, es un excelente mecanismo preventivo para neutralizar el favorecimiento de un oferente en detrimento de los otros.

El mapa mental siguiente despliega una serie de fisuras, que propician la corrupción en los macro procesos de Abastecimiento:

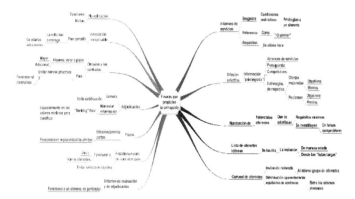

El humor tiene cabida en este tema, con la conocida caricatura sobre especificación técnica:

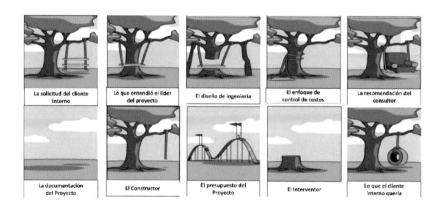

El refranero popular es sabio con sus consejos, pensamientos, opiniones e ideas. En relación con las especificaciones técnicas o las descripciones de los servicios, los siguientes refranes son muy dicientes:

Estructuras de costo

En las bases de remuneración: Estructuras de costos, que se tratan más adelante, se efectúa una completa descripción de este tema.

No obstante se recomienda considerar las siguientes variabilidades, al analizar estas estructuras:

- El pecado en este caso, es utilizar estructuras de costos que no se ajustan o reflejan las condiciones propias de un tipo de servicio o suministro. Existe un conocimiento académico superficial de las distintas estructuras de costos, asociadas al tipo de servicio o suministro.
- Utilización simplista de esquemas tarifarios convencionales: Tarifas fijas; sumas globales fijas.
- Tomar modalidades   prestadas de otros esquemas para aplicarlas sin ningún tipo de estudio y asimilación a otro esquema:

Es el caso del concepto de los imprevistos en los contratos de construcción, en los cuales tiene plena aplicación por consideraciones de eventos como: temporadas inusuales de lluvias; incremento en el costo de materiales como acero y cemento; exigencias de utilizar mano de obra no calificada de la región, con menores rendimientos en productividad; pérdida de valor por reclamos; suspensión de servicios, obras o trabajos; daños en la infraestructura que pueden obligar a utilizar rutas más largas para el trasporte de suministros; restricción en la duración de las jornadas de trabajo, ocasionada por razones de seguridad física, muy temprano en la mañana o al caer la tarde y, trasladar el concepto sin ningún tipo de asimilación a los contratos de consultoría, donde imprevistos similares no existen o si se presentan algunos como por ejemplo un cálculo equivocado de las horas - hombre para un proyecto, su impacto no tendrá la magnitud de un imprevisto en construcción.

• Desconocer márgenes de costos de administración, imprevistos o utilidad, propios de cada tipo de servicio o suministro.

Dichas variabilidades afectan la capacidad de Abastecimiento para agregar valor al:

• Aprovechar la oportunidad de normalizar, comparar, revisar, negociar las ofertas comerciales, utilizando desgloses de costos para asegurar transparencia en el análisis de costos.

• Explorar los componentes principales de costos para identificar coeficientes o índices de precios más representativos del servicio o suministro, en las fórmulas de reajuste para contratos de alto riesgo comercial o de largo plazo.

• Evitar acudir de manera reiterativa a la forma basta y tosca del índice de precios al consumidor «IPC» como único factor de reajuste, sin buscar otras formas que equilibren mejor los mayores componentes de costos; por ejemplo en un contrato de construcción: costos de materiales; de mano de obra y combustibles.

Una oportunidad palpable en un buen número de empresas es asegurar que los actores en la gestión de abastecimiento «principalmente compradores, contratadores y gerentes de contratos» desarrollen o fortalezcan destrezas en la identificación y selección de estructuras de costos / modalidades de remuneración según el riesgo, impacto y grado de dificultad de los servicios y bienes a contratar o adquirir.

Presupuesto

Un presupuesto débilmente articulado en términos de su asertividad «grado de aproximación al mercado» y del desglose de sus componentes, induce a identificar erradamente por exceso o por defecto el nicho de mercado en el cual se ubica la «lista larga» de potenciales oferentes, punto de partida para la selección de las empresas a invitar.

Por otro lado, un presupuesto por debajo de niveles de mercado, puede significar que el proceso de abastecimiento no se sometió a consideración y aprobación de las instancias adecuadas, cuando éstas operan por niveles presupuestales; el resultado del proceso, si excede dicho presupuesto, generará sorpresas mal vistas en la instancia superior que debió aprobar el proceso inicialmente.

El presupuesto de referencia, responsabilidad del cliente interno debe concebirse como una herramienta que tenga no solo aplicación interna para incorporarse en el Plan Anual de Compras y Contratación «PACC»; configurar la planeación presupuestal y obtener las aprobaciones correspondientes, sino que debe constituirse en el referente para las ofertas económicas. Se pretende así, utilizar el presupuesto como punto de comparación con las ofertas recibidas. Buscar esta correlación entre las estructuras del presupuesto y las ofertas comerciales, debe ser un objetivo patrocinado por la función de Abastecimiento.

Es un ejercicio conjunto entre el cliente interno que en la medida de lo posible debería ser el gerente del contrato y la función de abastecimiento. El primero elabora el presupuesto siguiendo las pautas y recomendaciones que da la segunda para seleccionar la estructura de costos más conveniente para el proceso de contratación o compra.

A manera de cierre del triángulo virtuoso del abastecimiento, es conveniente tener presente cómo evolucionan el alcance del servicio y el presupuesto, desde las etapas tempranas en que el cliente interno identifica una necesidad hasta que se adjudica un contrato, y van definiendo el marco dentro del cual se plantea una negociación. Tal vez el esquema siguiente es una manera más clara para entender esta inter relación y ubicar conceptos como: presupuesto, precio objetivo y valor adjudicado:

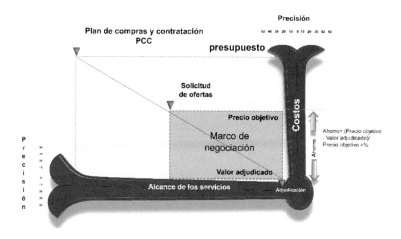

Programa marco de reconocimiento profesional para la gestión de la cadena de abastecimiento

Introducción

Abastecimiento debe liderar el desarrollo de competencias, destrezas y excelencia, en la búsqueda y contribución a satisfacer las metas y objetivos de la Empresa. Un elemento crítico para cumplir con esta responsabilidad, es contar con un Programa de Reconocimiento Profesional (PRP) para esta disciplina.

El contexto

Este liderazgo debe tener tres dimensiones: profesional, en la función de Abastecimiento y empresarial. Cada una tiene características distintivas. El liderazgo profesional se relaciona con la creación y aplicación de conocimiento. El liderazgo dentro de la función, impulsa la salud de las disciplinas y proporciona aseguramiento. El liderazgo empresarial promueve el desempeño y los resultados de la Empresa.

Los dos primeros son esenciales para alcanzar los objetivos empresariales a largo plazo y lograr el desempeño a través de la profundización, la transferencia y la aplicación de la excelencia funcional. El Programa de Reconocimiento Profesional (PRP) brinda a los especialistas en Abastecimiento la oportunidad de avanzar, crecer, influir y recibir incentivos, y está diseñado para mejorar el reclutamiento, el desarrollo, la evaluación y el reconocimiento de especialistas profesionales que contribuyan a los objetivos corporativos.

Los productos clave del programa son:

- Desarrollos visibles de carrera para aquellos profesionales que con limitada o ninguna responsabilidad de supervisión, se dedican a aplicar habilidades funcionales especializadas en sus funciones, por las que, si demuestran logros en disciplinas que son fundamentales para el negocio de la Empresa, pueden recibir reconocimiento formal y promociones en su desarrollo de carrera. Aunque el crecimiento hacia el liderazgo funcional y empresarial sigue siendo posible, la expectativa es que éste se vuelva más limitado, a medida que progresen en su carrera.
- Reclutamiento efectivo al demostrar que la Empresa valora y reconoce la especialización profesional.
- Desempeño y contribución al crecimiento de la función, mediante la aplicación de habilidades profesionales y la innovación.

La intención de un programa de este tipo, es reconocer formalmente la contribución del liderazgo profesional. Al éxito de la función de Abastecimiento y por ende al de la Empresa.

El rol permite a los "líderes con conocimiento" en la Empresa, tener un mayor impacto en el negocio al:

- Ser embajadores de su disciplina dentro y fuera de la Empresa.
- Hacer contribuciones proactivas en todo el negocio, proporcionando asesoramiento experto a la Alta Gerencia, o proporcionar un cambio permanente en el desempeño de la Empresa.
- Aportar su experiencia e influencia, para dar forma y contexto a las políticas de la Empresa y / o de la industria.
- Modelar en su campo, para propiciar el intercambio de conocimientos o el entrenamiento y, la tutoría de personas en otras áreas de la Empresa.
- Liderar la transferencia de buenas prácticas, reconociendo la preponderancia de la mejora del desempeño y el cumplimiento de los objetivos acordados.

Los niveles

Hay tres niveles en el Programa, conocidos como Consejero Distinguido, Consejero Senior y Consejero.

Las calificaciones

Los requisitos y calificaciones para cualquier candidato al Programa, incluyen un registro de logros profesionales excepcionales en un área especializada de gran valor para la Empresa, evidencia de liderazgo profesional y la expectativa de un logro profesional continuado. Los candidatos para el PRP deben contar con un historial sustentado de buen desempeño, que debe constatarse en formularios de evaluación y otros documentos, así como en el apoyo de sus pares y colegas dentro de la Empresa.

La decisión de retirar a un profesional del Programa se producirá:

- Si un Consejero asume un rol diferente que exige una gran dedicación a actividades no propias de la consejería (por

ejemplo, liderazgo de un equipo u otra función del orden comercial) o
* Debido a problemas relacionados con el desempeño. El retiro del Programa por motivos de bajo rendimiento, requiere la intervención de las instancias requeridas.

El mapa siguiente esquematiza, la progresión en el desarrollo de carrera:

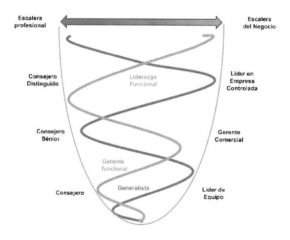

Diagnóstico de competencias

Para lograr una contribución de clase mundial para el negocio, es necesario transformar las capacidades del talento humano en Abastecimiento, para proporcionar aportes coherentes y sostenibles que agreguen valor.

Abastecimiento debe desarrollar una plantilla de excelencia que capture las competencias técnicas, la experiencia y otras destrezas que se esperan del talento en compras y contratación que se encuentra en las organizaciones líderes, incluyendo la investigación y las tendencias en compras y en la gestión de la cadena de abastecimiento.

Esta plantilla es el conjunto de estándares para evaluar el equipo de talentos de la función, incluyendo las fortalezas y las oportunidades de desarrollo hacia el futuro. La siguiente tabla es

Competencias técnicas :Criterios de calificación

Competencias técnicas	Evaluación de nivel				
	1	2	3	4	5
Entender las necesidades de la Empresa y la gestión de la demanda					
Desarrollar estrategias sectoriales de mercado					
Planear y elaborar documentos pre y contractuales					
Aproximarse al mercado y seleccionar el mejor valor					
Medir y gestionar el desempeño de contratistas y proveedores (incluye el manejo de relaciones)					
Gestionar materiales					
Gestionar riesgos					
Gestionar proyectos					
Estrategia de negociación e influencia					
Destrezas financieras					
Negociación e influencia					

Experiencia	Evaluación de nivel				
	1	2	3	4	5
Experiencia en compras y contratos					
Entrenamiento profesional, desarrollo, capacitación, entrenamiento profesional, membresías gremiales y profesionales					
Experiencia comercial					
Experiencia afin a la Empresa					

Conocimiento básico	1
Aplicación básica	2
Aplicación Habilidosa	3
Maestría	4
Experticia	5

Requiere desarrollo importante	1
Requiere desarrollo	2
Altas expectativas	3
Excede expectativas	4
Sobre calificado	5

indicativa de las competencias técnicas y profesionales a considerar en la plantilla mencionada; se indican igualmente los criterios para calificar no solo dichas competencias, sino también los distintos tipos requeridos de experiencia.

Los profesionales efectivos de PSCM, demostrarán su capacidad en estas áreas con ciertos comportamientos que se repiten lo suficiente, para entender que la excelencia no es un hecho sino un hábito.

Los hábitos de los grandes líderes de la cadena de suministro, suponen un lugar en la mesa de toma de decisiones estratégicas y otros foros de influencia.

Otros hábitos incluyen el éxito al crear e implantar cambios que aporten valor al negocio, mientras identifican y apalancan la competencia/experiencia funcional y las relaciones cruzadas para alcanzar el éxito.

Este talento tendrá una mentalidad global y buscará generar ganancias dentro de las fronteras locales, regionales y nacionales. Además de estos hábitos, los comportamientos claves incluirán impulso, alcance, empatía, capacidad analítica, escucha e integridad, combinados con una perspicacia empresarial que se caracteriza por un buen juicio y un razonamiento sólido.

El gráfico siguiente expone un modelo de mejoramiento continuo, para desarrollar este programa de transformación del talento humano:

Macro proceso de selección de contratistas

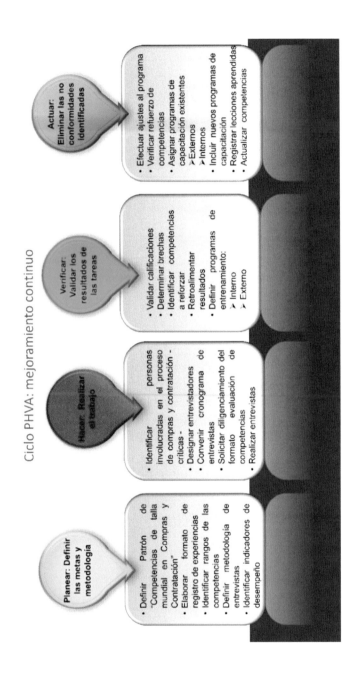

Ciclo PHVA: mejoramiento continuo

Planear: Definir las metas y metodología

- Definir Patrón de talla "Competencias de Compras y Contratación" mundial en
- Elaborar formato de registro de experiencias
- Identificar rangos de las competencias
- Definir metodología de entrevistas
- Identificar indicadores de desempeño

Hacer: Realizar el trabajo

- Identificar personas involucradas en el proceso de compras y contratación - críticas -
- Designar entrevistadores
- Convenir cronograma de entrevistas
- Solicitar diligenciamiento del formato evaluación de competencias
- Realizar entrevistas

Verificar: Validar los resultados de las tareas

- Validar calificaciones
- Determinar brechas
- Identificar competencias a reforzar
- Retroalimentar resultados
- Definir programas de entrenamiento:
  - Interno
  - Externo

Actuar: Eliminar las no conformidades identificadas

- Efectuar ajustes al programa
- Verificar refuerzo de competencias
- Asignar programas de capacitación existentes
  - Externos
  - Internos
- Incluir nuevos programas de capacitación
- Registrar lecciones aprendidas
- Actualizar competencias

Entrenamiento y capacitación

A nivel de pregrado, Colombia carece de programas educativos en abastecimiento «compras y contratación». Las personas que son responsables por el proceso de abastecimiento en la Empresa han adquirido sus competencias en un buen porcentaje de manera empírica.

Buscan entonces complementarlas en programas de post grado o de educación continuada que son escasos y, no siempre aseguran un manejo adecuado de las prácticas contractuales y un conocimiento sólido de procedimientos, responsabilidades, controles y guías para llevar a cabo de manera confiable no solo la adecuada selección de proveedores y contratistas, sino también el seguimiento y gestión de contratos y la oportuna evaluación de desempeño de los contratistas.

Como resultado del análisis de competencias, son entonces las empresas las llamadas a articular sus propios programas de entrenamiento, no solo en la selección de proveedores y contratistas sino también en la gestión de contratos, incrementando las habilidades y el conocimiento que el capital humano de la Empresa tiene para ejecutar sus tareas y procesos, con capacidad para interpretar situaciones de manera original.

Los programas externos de entrenamiento no necesariamente satisfacen las necesidades de la Empresa. Estas pueden implicar la necesidad de entrenamientos puntuales y específicos para salvar brechas identificadas, con el concurso de un consultor que esté en capacidad de diseñar rápidamente programas para salvar dichas brechas.

Ningún personaje externo puede saber lo que es mejor para una empresa en términos de Abastecimiento. Pero siempre será posible que una persona del exterior, si es sagaz y experimentada, sea capaz de organizar los módulos específicos de entrenamiento, de hacer reflexionar a los «internos» devolviéndolos a la realidad para hacerles comprender que sus comportamientos establecidos e «indesafiados» no encajan con las prácticas de clase mundial y serán los empleados los llamados a promover y efectuar el cambio, mediante una contribución mental y de creatividad que le den un ritmo más dinámico a los procesos para transformar la Empresa.

Se contará así con funcionarios altamente calificados para gestionar de manera eficiente los contratos celebrados dentro de parámetros adecuados de calidad, seguridad industrial, cumplimiento de plazos, costos y ausencia de reclamos.

Los únicos consejos útiles provenientes del exterior, son los emitidos como parte de un proceso de aprendizaje continuado y, en estos procesos de aprendizaje los resultados se deben más a los esfuerzos de los participantes que a los estímulos o facilidades provenientes del exterior.

Se contará con personas capaces de resolver situaciones extraordinarias que hagan que los procesos fluyan como si no existieran obstáculos, sin esperar que sus jefes les digan cómo hacerlo.

Los empleados altamente capacitados con actitudes positivas, podrán mejorar la cultura de la Empresa.

La gente se encuentra más dispuesta a tener éxito en su trabajo y a crecer en su carrera, si la Empresa proporciona oportunidades para su desarrollo personal. Los empleados no crecen en culturas, donde el aprendizaje no es la norma.

La Empresa y su gente mejoran al reconocer el crecimiento personal y profesional como una prioridad y al patrocinar formas en que la gente expanda sus habilidades y su conocimiento.

Los programas de entrenamiento están ahora firmemente integrados en la mayoría de los procesos bien definidos. Una persona que valora la calidad buscará mejorarse a sí misma continuamente al igual que los servicios y productos de la Empresa y los procesos que los involucran.

En estos momentos de crisis, la Empresa debe promover espacios en los cuales, los empleados participen en la generación de ideas para ser cada día mejores.

Un programa de entrenamiento delineado en términos muy generales, se indica a continuación:

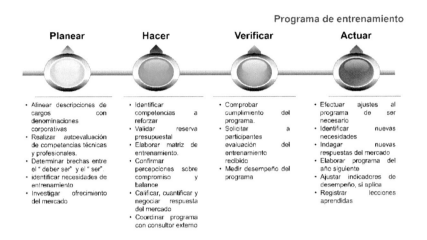

Programa de entrenamiento

Planear	Hacer	Verificar	Actuar
• Alinear descripciones de cargos con denominaciones corporativas • Realizar autoevaluación de competencias técnicas y profesionales. • Determinar brechas entre el " deber ser" y el " ser". • Identificar necesidades de entrenamiento • Investigar ofrecimiento del mercado	• Identificar competencias a reforzar • Validar reserva presupuestal • Elaborar matriz de entrenamiento. • Confirmar percepciones sobre compromiso y balance • Calificar, cuantificar y negociar respuesta del mercado • Coordinar programa con consultor externo	• Comprobar cumplimiento del programa. • Solicitar a participantes evaluación del entrenamiento recibido • Medir desempeño del programa	• Efectuar ajustes al programa de ser necesario • Identificar nuevas necesidades • Indagar nuevas respuestas del mercado • Elaborar programa del año siguiente • Ajustar indicadores de desempeño, si aplica • Registrar lecciones aprendidas

La creación de conocimiento en la Empresa

Ikujito Nonaka e Hirotaka Takeuchi en su libro «la organización creadora de conocimiento. Como las compañías japonesas crean la dinámica de la innovación» observan que en las empresas japonesas, el conocimiento expresado con palabras y números es solo la punta del *iceberg*. Consideran que el conocimiento es principalmente "tácito" (algo que no es muy evidente y además difícil de expresar). Este conocimiento es muy íntimo y por consiguiente difícil de expresar con el lenguaje formal; difícil de trasmitir y compartir con otros. Este conocimiento se basa en las acciones y la experiencia individual, así como en los ideales, valores y emociones de cada persona. Los presentimientos, las imágenes, y las sensaciones son parte de él.

Específicamente el conocimiento tácito puede dividirse en dos facetas:

• La primera, la técnica, que incluye las habilidades no formales y difíciles de precisar conocida como el *Know-how* (conjunto de conocimientos técnicos y administrativos que son indispensables para conducir un proceso). Por ejemplo, un ebanista adquiere experiencia a través de los años, pero por lo general le es complicado manifestar los principios técnicos, en los que estriba su conocimiento.

- Al mismo tiempo, el conocimiento tácito contiene una importante faceta cognoscitiva compuesta por esquemas, modelos mentales, percepciones y creencias tan arraigadas en cada persona que casi siempre se desdeñan o se pasan por alto. La dimensión cognoscitiva refleja nuestra representación de la realidad (lo que existe, lo que es) y nuestra visión del futuro (lo que debería ser). Aunque complicados de enunciar, estos modelos implícitos controlan la forma en que percibimos el mundo que nos rodea.

Diferenciar el conocimiento explícito del tácito es la esencia para entender el modo diferente como occidentales y japoneses perciben el conocimiento. El explícito puede ser fácilmente «procesado» por una computadora, trasmitido electrónicamente o guardado en bases de datos.

El conocimiento tácito es difícil de transmitir en forma sistemática o lógica por su naturaleza subjetiva e intuitiva Para transmitirlo y diseminarlo en la Empresa, es necesario convertirlo en palabras o números que todos entiendan.

El conocimiento en la Empresa se crea durante el tiempo que toma la conversión de tácito a explícito.
El conocimiento tácito es importante porque genera un nuevo punto de vista acerca de la Empresa y en lugar de concebirla como una máquina para el procesamiento de la información, la considera un organismo viviente.

Las ideas personales, la intuición y las corazonadas, elementos subjetivos, son parte integral del conocimiento. Éste también incluye ideales, valores y emociones, así como imágenes y símbolos

El conocimiento nuevo y propio no podrá ser creado sin una intensa interacción del exterior y del interior. Para crear conocimiento, lo que se aprende de otros y las habilidades compartidas deben volverse internas, es decir reformarse, enriquecerse y traducirse para que se ajusten a la identidad e imagen de la Empresa.

Abastecimiento y Gestión Humana deberán propiciar en los equipos, un diálogo no desprovisto de conflictos y desacuerdos mayores. Estas diferencias son las llamadas a lograr que los colaboradores, confronten el statu quo y den un entendimiento diferente a sus vivencias. Este enérgico intercambio allana la trasformación del conocimiento individual en el conocimiento empresarial.

Fase precontractual

Macro proceso: Selección de contratistas y proveedores

En algunos casos la presión para iniciar actividades de compras y contratación, relega a una posición secundaria el levantamiento de procesos que recorren transversalmente la empresa, enfoque considerado como vital para su éxito, en contraprestación de aquellas empresas que enfatizan las organizaciones estanco - verticales.

Algunas de las debilidades frecuentes en la organización por procesos, pueden ser las siguientes:

- Ausencia de procesos, métodos, y procedimientos documentados y actualizados. Es de vital importancia tener claros los procesos vitales, para cumplir a cabalidad con sus objetivos.
- La falta de documentación, no permite tener una memoria corporativa, concentrándose ésta, en individuos aislados que interpretan y aplican los procesos, cada cual a su manera.
- Los procesos aparecen fragmentados, muchas veces invisibles por la estructura organizacional y lo que es más grave, los procesos tienden a no tener gerencia.
- La preocupación clásica en las empresas ha sido por los canales de autoridad, información y control; es decir por la estructura organizacional y no por lo que se hace y como se

hace en la empresa: en otras palabras por los procesos realizados a lo ancho y largo de tal estructura.

- Una función de Abastecimiento orientada a los procesos, se ocupa de diseñarlos, medirlos con precisión, controlarlos y velar para que todos los entiendan y apliquen.
- Un plan de mejoramiento de procesos se torna obligatorio para:
  - ➢ Hacer efectivos los procesos, generando los resultados esperados «valor agregado»
  - ➢ Hacer eficientes los procesos, minimizando los recursos empleados «más productividad»
  - ➢ Hacer los procesos adaptables al cliente, al entorno y a la tecnología «capacidad de adaptarse»

El macro proceso de «selección de contratistas y proveedores» busca establecer una aproximación consistente al mercado, que respalde la estrategia seleccionada y que permita agregar valor al negocio, en términos económicos, técnicos, manejo del riesgo e incremento de la eficiencia, al invitar a presentar ofertas de suministro de bienes o prestación de servicios a aquellos proveedores y contratistas que con experiencia en trabajos o servicios similares, sean capaces de desempeñarse de acuerdo con los requisitos y estándares establecidos y que manifiesten su interés en participar bajo condiciones particulares. El proveedor o contratista seleccionado, será aquel con la mejor combinación de capacidades jurídica, técnica, de HSE, financiera y de funcionamiento que permitan anticipar un adecuado desempeño.

Pre-requisitos para una adecuada selección de contratistas pueden ser los siguientes:

- Especificaciones y/o alcances de los servicios claros y completos.
- Adecuadas estructuras de costos, alineadas con las especificaciones y/o alcances de los servicios.
- Un sistema de gestión de información de proveedores; completo y actualizado.
- Tempranas investigaciones o sondeos de mercado.

- Correcta determinación de la capacidad financiera de los potenciales oferentes.
- Necesidades y metas de la Empresa y sus proyectos claramente identificados, definidos y entendidos.
- Clara estrategia contractual, alineada con dichas necesidades y objetivos.
- Modelos de contratación cuyas cláusulas respalden el negocio.

El macro proceso, abarca los siguientes sub procesos:

Estructurar el Plan Anual de Compras y Contratación - PACC -

El PACC liderado por la función Compras, con la participación de los clientes internos permite:

- Asegurar una planeación periódica, alineada con un Plan de Negocios.
- Cuantificar la demanda interna de bienes y servicios.
- Fijar objetivos y metas para lograr continuidad en el suministro y plazos de entrega, servicio y capacidad de respuesta de contratistas y proveedores.

Articular estrategias de acuerdo con el tipo de artículo o servicio.

Una estrategia constituye un profundo y adecuado conocimiento de los sectores de mercado para:

- Asegurar el suministro.
- Gestionar y mitigar riesgos; incluso de HSE.
- Monitorear el mundo mercantil y la salud de los proveedores.
- Influenciar las oportunidades de estandarización; las oportunidades de agregación.
- Gestionar el desempeño de los mismos.

Contar con un sistema de gestión de información de proveedores y contratistas.

Orientado a:

*   Establecer una clasificación y calificación de proveedores «segmentación».
*   Registrar la evaluación de desempeño de los mismos.
*   Asegurar la solidez en materia de organización, capacidad técnica y financiera de los potenciales oferentes, que participen en los procesos de selección de la Empresa.

Describir alcance de los servicios o las especificaciones técnicas.

El cliente interno define condiciones y exigencias mínimas para prestar un servicio o ejecutar una obra:

*   La finalidad es ofrecer la información que el proveedor o contratista necesita, para satisfacer las expectativas del cliente interno.
*   Una especificación incorrecta de un servicio o un producto puede ocasionar: Servicios no disponibles; fallas en equipos o maquinaria, etc.

Realizar investigaciones o sondeos de mercado.

Es la búsqueda, tenencia, y utilización de información útil en el proceso de selección de contratistas:

La investigación de mercado se aplica a:

*   La toma de decisiones, disminuyendo riesgo.
*   La consecución de información que permita una decisión racional, con un grado prudente de seguridad.
*   Acortar las distancias entre la Empresa y sus contratistas y proveedores.

Preparar documentos para solicitar ofertas.

El punto de partida debe ser contar con documentos básicos organizados, siguiendo una secuencia lógica de los procesos:

- Conjuntamente con la estandarización de algunas de las partes y la creación de hojas de trabajo o listas de verificación para el resto.
- Se logra así un alto grado de flexibilidad a la vez que, se conserva la uniformidad de los documentos utilizados para la solicitud de ofertas.

Solicitar y recibir ofertas.

Surtidas las aprobaciones se procede a solicitar ofertas:

- El cronograma elaborado por el cliente interno, permite efectuar un adecuado seguimiento del proceso y efectuar los ajustes necesarios cuando sea conveniente.
- Una actividad que contribuye a asegurar la calidad de las ofertas es la visita al sitio donde se adelantará la obra o se prestarán los servicios; puede tratarse también de una reunión de aclaración.

Evaluar ofertas.

Recibidas y abiertas las ofertas, se debe proceder a seleccionar el mejor oferente para luego proceder a formular la recomendación de adjudicación correspondiente:

- Esta recomendación debe ofrecer la mejor combinación en términos jurídicos, técnicos, financieros, económicos y de HSE, cuando aplique.
- Los criterios de evaluación, se consignan en el memorando de evaluación de ofertas.

Obtener aprobaciones de solicitud de ofertas y adjudicaciones.

- Las normas generales y principios que regulan la contratación, pueden estar contenidos en el Manual de Contratación.
- En sus respectivos marcos de competencia, los comités responderán por sus recomendaciones y omisiones en el ejercicio de sus funciones de verificación, calificación y evaluación en el proceso de abastecimiento.

Perfeccionar el contrato.

Esta etapa constituye la culminación del proceso con el contrato perfeccionado, documento que establecerá los derechos y obligaciones de las Partes:

- Surtida la fase de evaluación de las ofertas por parte del comité competente; algunas empresas pueden promover la negociación de un mejor precio o de condiciones más favorables.
- Seguidamente se procede a notificar la aceptación de la oferta.

Respaldar clientes internos.

El respaldo y la orientación a los clientes internos, evita redundancias, ineficiencias, y asegura un abastecimiento costo efectivo:

- Una clara definición de responsabilidades/roles contribuye a lograr este objetivo.
- Programas de entrenamiento que estructurados desde la función de Abastecimiento, se puedan poner en práctica con el respaldo de Gestión Humana para mejorar las competencias del personal involucrado en la gestión de compras y contratación.

Reunirse con oferentes no favorecidos.

Esta reunión se recomienda en los siguientes casos:

- Cuando el oferente presentó una oferta no favorecida. En este caso se le informa porque no se celebró contrato con él.

- Se le brinda la oportunidad de dar las explicaciones que crea conveniente; es el tipo más frecuente.
- Después de un proceso largo, con poco o ningún éxito en obtener contratos; en este caso se le indica al oferente sus puntos débiles y fuertes.

La siguiente gráfica indica cómo se podrían sincronizar los sub procesos, para lograr eficiencias en Procurement Supply Chain Management - PSCM -:

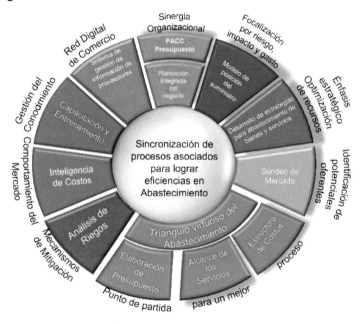

En este macro proceso, el centro de gravedad del proceso se ubica en la función de Abastecimiento, como se observa en el siguiente diagrama de flujo:

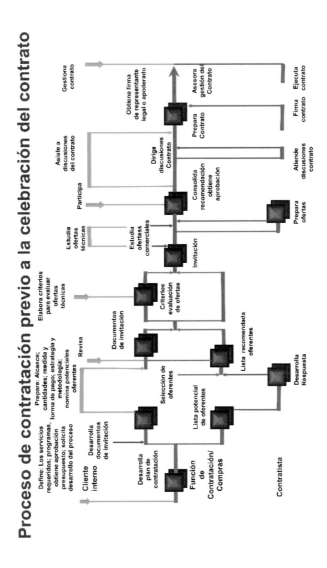

El proceso en la fase pre - contractual: Selección de contratistas desde el punto de vista del Ciclo PHVA, se observa en la gráfica siguiente:

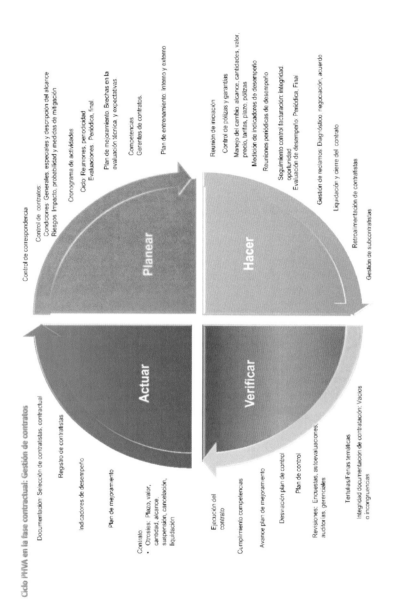

El ciclo anual de contratación de la Empresa puede plantearse en los siguientes términos:

Ciclo anual de contratación del negocio

Fase	Alta Gerencia	Clientes Internos	Gerentes de Contratos	Abastecimiento	Contratistas y Proveedores	Trimestres		
P L A N E A R	Definir políticas de contratación	Identificar necesidades de contratación y compras		Elaborar PACC / Definir recursos fijar prioridades / Evaluar capacidad de potenciales contratistas / proveedores	Suministrar información	◇ ◇ ◇ ◇ ◇ ◇ ◇		
	Aprobar	Endosar		Definir estrategias				
HACER					Ejecutar los Contratos			
VERI-FICAR			Gerenciar/Controlar / Evaluar resultados	Ajustar según necesidades				
A C T U A R	Evaluar cambio de políticas	Identificar necesidades de contratación		Preparar sugerencias / Elaborar plan del año siguiente				

Reflexiones

¿Cuenta la Empresa con, procesos, procedimientos y métodos documentados y actualizados?

¿Se han realizado ejercicios de referenciación comparativa para determinar si los procesos son eficaces y eficientes, sin fallas, defectos, ni desperdicios?

¿Se conoce y se mide el uso adecuado de los recursos?

¿Se identifican redundancias entre procesos?

¿Se gestiona el conocimiento del talento humano frente a la gestión por procesos?

¿Cómo se facilita el desarrollo de actividades de auditoría y control interno, contando con procesos formalizados y documentados, que identifiquen brechas, vacíos oportunidades de mejoramiento y acciones requeridas?

¿Se identifican indicadores válidos que permitan medir el desempeño de Abastecimiento, dentro del contexto global de la Empresa?

Hay conciencia en Abastecimiento sobre los impactos que se pueden generar por la ausencia de procesos, tales como:

¿Actividades que se realizan de forma aislada?

¿Esfuerzos dirigidos a objetivos diferentes?

Se cuenta con un plan obligatorio de mejoramiento de procesos para hacerlos:

¿Efectivos: Generando los resultados esperados « valor agregado»?

¿Eficientes: Minimizando los recursos empleados « más productividad»?

¿Adaptables: Al cliente, al entorno y a la tecnología « capacidad de adaptación»?

Se entiende que el enfoque por procesos enfatiza:

¿El entendimiento y cumplimiento de requisitos?

¿El valor que agregan?

¿La obtención de resultados del desempeño?

¿La mejora continua de los procesos, con base en mediciones objetivas?

Trae beneficios como:

¿Claro entendimiento de las interacciones mutuas entre los diferentes procesos y sub procesos?

¿Una comunicación eficaz?

¿Los procesos integran requisitos de normas?

¿Permiten la visión global de todos los elementos del sistema?

Se reconoce que un proceso bien definido debe tener:

¿Límites claramente establecidos?

¿Interacciones, niveles de autoridad y responsabilidad definidos?

¿Procedimientos documentados?

¿ Controles de seguimiento y retroalimentación, cercanos al punto donde se ejecuta cada actividad?

¿Medidas de evaluación y objetivos que se relacionen con el cliente?

¿ Ciclos e indicadores de desempeño conocidos?

¿ Procedimientos de flexibilidad formalizados?

Los modelos de referencia de un proceso, integran los conceptos bien conocidos de:

¿Reingeniería de los procesos: Capturar el estatus del proceso «cómo se encuentra» e inferir el estado futuro deseado?

¿Referenciación comparativa: Dimensionar el desempeño operacional de empresas similares y establecer objetivos internos basados en resultados de excelencia?

¿Análisis de las mejores prácticas: Caracterizar las prácticas de gestión y las soluciones de software que aseguren un desempeño de excelencia?

¿Lecciones aprendidas como punto de partida para el nuevo proceso?

Abastecimiento y función jurídica: Equipo de trabajo. Relaciones sinérgicas entre las dos áreas

Nociones

Cómo buscar, lograr y mantener en una empresa, una asociación productiva y eficiente entre la función de Procurement Supply Chain Management "PSCM"; conocida también como Compras y Contratación o Abastecimiento y la función Jurídica o legal ha sido para la mayoría de las personas inmersas en estos temas, sean técnicos o abogados, una preocupación capital y permanente.

La visión común a las dos áreas, es sin lugar a ninguna duda, contar con un paquete de normas, procedimientos, documentos de solicitud de ofertas y de modelos o minutas de contratos que deben satisfacer las expectativas de la empresa contratante y las de sus proveedores y contratistas.

No obstante entendida esta comunión de objetivos, es curioso observar que lograr un trabajo conjunto entre las dos áreas no siempre es fácil. Muy posiblemente porque se enfrentan dos concepciones diferentes:

*   La del área legal que como guardián de la heredad, tiene muy claro que su responsabilidad es asegurar unos modelos contractuales que minimicen los reclamos y permitan que los contratos que respaldan la prestación de servicios «intangibles» y las ordenes de compras que cubren el suministro de bienes «tangibles» se cumplan sin contratiempos.

- Por su parte, la del área de Abastecimiento, como intérprete de sus clientes internos, es propender por el cumplimiento de los alcances de los servicios y de las especificaciones técnicas en términos de calidad, costo, plazo y más recientemente por el interés y ahínco de la industria de petróleo y gas, satisfacer los requisitos y exigencias en materia de Salud Ocupacional, Seguridad Industrial y Medio Ambiente «Health, Safety and Environment, HSE, por sus siglas en inglés».

En muchos países el mayor contratante ha sido por mucho tiempo el Estado en general y en particular los entes responsables por las Obras Públicas, por su responsabilidad primaria en obras de infraestructura.

Esta influencia aunada a la de otros sectores del Estado, muy seguramente gravita en la articulación de las exigencias contractuales, práctica que con el tiempo ha ido blindando la contratación administrativa y sus herramientas de respaldo, como por ejemplo los llamados «estatutos de contratación», sacrificando eficiencia y efectividad por seguridad jurídica. Incluso por no existir otras referencias diferentes en el mercado, estas prácticas permean el sector privado.

Sin embargo algunas compañías, principalmente subsidiarias de empresas multinacionales, cuentan con sus manuales de compras y contratación que presentan una diferencia conceptual con los « estatutos de contratación»; se desarrollan ajustándose a los macro procesos y los correspondientes sub procesos de la cadena de Abastecimiento, considerando los aspectos prácticos de la gestión de compras y contratos.

Poner en marcha proyectos de gran complejidad y valor, «montando» una minuta de contrato o una orden de compra para cada proceso de servicio o suministro, es un contrasentido. La elaboración de los documentos, responsabilidad de la función de contratos requeriría un ejército de los llamados "ingenieros de contratos" «una ironía ¿no?» al igual que la revisión minuciosa no solo de los documentos de solicitud de ofertas, sino especialmente de las minutas de contratos por parte del área jurídica. Las compañías internacionales de construcción proponen una solución diferente.

Los pecados a evitar son:

- El desgaste de la Empresa en los procesos de contratación por no contar con documentos normalizados, según el tipo de procesos de selección de contratistas y proveedores.
- El incremento en los plazos de selección de proveedores y contratistas que necesariamente impactan los cronogramas de los proyectos.

Las variabilidades del proceso de abastecimiento, se ven influenciadas por aspectos como:

- Control centralizado en las áreas jurídicas y legales para asegurar la integridad de documentos de solicitud de ofertas y las minutas de contratos.
- Redundancia en las instancias de validación, seguimiento y control de contenidos, afectando los cronogramas de contratación.
- Limitada autonomía o intervención de las funciones de abastecimiento, en la elaboración y gestión de documentos.

Por estas consideraciones la función de Abastecimiento no puede dar cumplimiento a su razón de ser, descrita antes en el marco del Abastecimiento

Una manera de optimizar el proceso de solicitar ofertas es organizar los documentos básicos de solicitud de ofertas en varias secciones; cada una corresponde a un aspecto específico de la solicitud. Dichas secciones se integran en un solo documento, mediante la carta de invitación y sus instrucciones y son elaboradas por Abastecimiento.

Los documentos básicos buscan:

- Organizar la secuencia lógica de los temas.
- Normalizar algunas de las partes.

- Utilizar hojas de trabajo o listas de verificación.
- Permitir la preparación simultánea de los documentos.
- Lograr la elaboración anticipada de ciertas partes.
- Mejorar revisión de aspectos particulares.

Algunas empresas del sector privado han mejorado el esquema de la siguiente manera:

El área Legal promueve un acercamiento con Abastecimiento para integrar un equipo de trabajo que efectúe una revisión conjunta de manuales, políticas, documentos y minutas relacionados con los dos macro procesos de:

- Selección de proveedores y contratistas y
- Gestión de contratos «Interventoría»

Se contrata un consultor jurídico externo, quien en primera instancia se somete a un proceso de inducción a los procesos de la cadena de abastecimiento y luego se integra al equipo mencionado. El proceso se desarrolla siguiendo la siguiente secuencia:

- Revisión conjunta del material en uso, en ese momento.
- La revisión se nutre y enriquece con las experiencias, lecciones aprendidas y retroalimentación, no solo de las personas nominadas para conformar el equipo sino como resultado de reuniones con clientes internos, responsables por procesos críticos de abastecimiento.
- Todos los temas se discuten con el rigor del caso y paulatinamente se van organizando distintos modelos de solicitud de ofertas, dependiendo del tipo de servicio o suministro.
- Definidos los documentos se efectúa un proceso de socialización en toda la Empresa.

Tan pronto el área legal o jurídica tiene la certeza de que el proceso de inducción ha permeado a toda la Empresa, sube los documentos en la intranet y a partir de ese momento, Abastecimiento es responsable directo de la administración y gestión de los documentos con el compromiso de retroalimentar a dichas áreas, cuando se presenten desviaciones o se haga visible la necesidad de efectuar ajustes o cambios.

De la referenciación comparativa con los alumnos o a los asistentes a cursos de educación continuada, seminarios o conferencias, de distintas industrias y sectores económicos sobre el número de cláusulas que tienen regularmente los contratos, la respuesta más frecuente es no menos de 25; llegando en muchos casos a más de 30. La causa puede estribar en nuestros antecedentes jurídicos; el código civil entendido como un conjunto unitario, ordenado y sistematizado de normas de derecho privado, es decir, un cuerpo legal que tiene por objeto regular las relaciones civiles de las personas físicas y jurídicas, privadas o públicas; en este último caso, siempre que actúen como particulares.

A diferencia del derecho común que se desarrolló como un grupo de normas basadas en casos previos, decisiones previas, no mediante el desarrollo de normas escritas aprobadas mediante un proceso legislador estatal, como es típico en los sistemas de tradición romana. Independientemente de consideraciones de riesgo, impacto, plazo, valor y oportunidad, las minutas tienen las mismas cláusulas. Las minutas de contratos que sugieren por ejemplo, las compañías de Estados Unidos, tienen casi siempre un reducido número de cláusulas.

Frente a esta situación, es interesante hacer referencia a un artículo titulado «Pathclearer: A more commercial approach to drafting commercial contracts» escrito por Steven Weatherley, jefe de UK Legal, Scottish & New Castle plc. En abstracto, él plantea que: ....Los abogados invierten una enorme cantidad de tiempo en la redacción y negociación de detallados contratos comerciales para sus clientes. Pero el equipo legal de Scottish & New Castle cree que en muchos casos las condiciones contractuales detalladas son innecesarias y pueden ser una pérdida de tiempo y recursos para los negocios involucrados».

Decidieron entonces desafiar esta fe aparentemente ciega en contratos como el único medio de protección en los negocios, utilizando el siguiente enfoque en tres etapas:

- Iniciaron: ......« considerando el propósito fundamental de un contrato.
- Luego analizaron los inconvenientes de detallados contratos escritos.
- Finalmente buscaron maneras de garantizar que una empresa obtenga lo acordado en el contrato, sin necesidad de hacer uso de las obligaciones contractuales».

La sabiduría convencional de la profesión legal, es que los detallados contratos por escrito son necesarios para:
- Tener la certeza acerca de los derechos y obligaciones de las Partes.
- Evitar futuras disputas sobre lo que se pretendía.
- Proporcionar una indemnización, si cualquiera de las Partes no hace lo que dijo que haría.

Estas breves acotaciones tomadas del documento, para poner de presente, como comenta el autor en su escrito que: ...«dada la oportunidad, las áreas jurídicas a menudo están dispuestas a demostrar sus habilidades de redacción al tratar de predecir y cubrir todas las situaciones imaginables. Esto lleva a largos contratos complejos que sólo pueden ser entendidos por los abogados».

Como se ha deteriorado con el tiempo, el respeto y valor que los abuelos profesaban por aquello que con solemnidad llamaban el valor de "dar la palabra" o "ser un hombre de palabra" que, cuando prometían algo, su cumplimiento estaba garantizado por la honradez o la reputación de la persona que lo hacía; porque eran hombres íntegros, cabales, honestos que comunicaban seguridad y confianza. En su época, la sola palabra bastaba para finiquitar algún negocio. Eran los tiempos en los que una promesa, por el físico hecho de pronunciarse, era admitida como un contrato ante los jueces; un solo apretón de manos era suficiente. Hoy día todo tiene que estar por escrito o registrado en una notaría, incluso con testigos.

Reflexiones

¿ En las empresas en que se ha gestado un proceso parecido, se han agilizado los ciclos de selección de contratistas y proveedores?

¿ Los ingenieros de contratos» que ven como la función de compras es infravalorada y se considera como una actividad operacional, se empoderan y entienden que el proceso de Abastecimiento es vital para la Empresa?

¿ La dificultad de promover un modelo similar en las empresas del Estado responde a la extendida preocupación y prevención que embarga a las áreas jurídicas frente a los entes de control y la responsabilidad «muchas veces de carácter monetario» que entraña para los funcionarios cuando se presentan hallazgos?

¿ Se advierte como con gran celo, los funcionarios jurídicos diseminados en toda la Empresa, procuran cerrar las posibles brechas que pudieran constituirse en algún riesgo potencial de no conformidad con procesos, políticas y procedimientos?

¿ La función de Abastecimiento desarrolla entonces su función en una instancia secundaria con limitada influencia?

¿ Sería interesante que funcionarios de entes de control participen con mayor intensidad en programas entrenamiento y capacitación en Abastecimiento, en el ámbito universitario o en entidades especializadas?

¿ Sería interesante conocer más de cerca, prácticas internacionales que sin comprometer o poner en riesgo los procesos de abastecimiento, se constituyan en mejores prácticas, validadas en otras latitudes?

¿ Se conocen experiencias de empresas en las que se han logrado acercamientos de las dos funciones, al iniciar análisis conjuntos que propendían por el desarrollo en equipo, de documentos contractuales?

¿ Se logra que el conocimiento detentado por un pequeño grupo de "expertos" se convierta en conocimiento organizacional, entendido éste, como la capacidad de una empresa para generar nuevos conocimientos y diseminarlos entre los miembros de la misma?

¿ Es la creación de conocimiento organizacional, la clave del proceso para innovar continuamente, en cantidades cada vez mayores y en espiral?

¿ Deben trabajar las funciones jurídicas o legales y la de Abastecimiento en igualdad de condiciones, buscando sinergias que les permitan la concepción de políticas, procesos, procedimientos y documentos básicos de solicitud de ofertas y de contratación?

¿ En el caso del estatuto de contratación del sector público o el manual en el sector privado, se deben configurar o someterlos a una reingeniería para asegurar un sano equilibrio entre las exigencias jurídicas «que por supuesto no deben desconocerse, porque protegen al ente contratante» y el desarrollo ágil y transparente del proceso de selección de contratistas y proveedores?

¿ Igual enfoque debe aplicarse al manual de interventoría. Además la compañía debe desarrollar internamente o con el concurso de expertos u organizaciones externas, la capacitación o entrenamiento de sus gerentes de contratos?

¿ Cómo es posible acercar a los clientes internos, de manera sencilla al desarrollo de los procesos de abastecimiento?

¿ Cómo deberían dimensionarse y normalizarse las minutas de contratos, teniendo presente las condiciones de riesgo, impacto, oportunidad, plazo y no solamente el presupuesto de cada contrato u orden de compra?

Categorías

Nociones

Las categorías son bienes o servicios que tienen características similares y se compran en mercados similares, se agrupan y se tratan como un grupo discreto o categoría.

Categorizados así, bienes y servicios de una categoría requieren la misma inteligencia de mercado; estrategias similares de abastecimiento y programas similares de relaciones con proveedores y contratistas.

Los elementos claves para gestionar categorías incluyen:

- Administración de principio a fin de la cadena de Abastecimiento.
- Conocimiento agudo del mercado.
- Acertados (si no expertos) conocimientos técnicos.
- Buena gestión de relaciones con proveedores - SRM - y excelentes relaciones con los interesados.

La gestión por categorías es un enfoque estratégico centrado en la mayor parte del gasto de una empresa en bienes y servicios con terceros «proveedores y contratistas».

Se basa en procesos e incorpora muchos aspectos familiares del mejoramiento continuo del negocio y de la gestión del cambio. Dicho enfoque no está confinado exclusivamente al proceso de aprovisionamiento y por lo general requiere la participación activa y el involucramiento de los grupos de interés, funciones y colaboradores de la Empresa para que sea un éxito.

Las empresas por lo tanto, deben invertir tiempo y compromiso con el fin de implantar la gestión por categorías; sin embargo, el retorno de esta inversión es potencialmente muy grande. Gestión por categorías es entonces la práctica de segmentar los principales rubros de gasto en bienes y servicios de la empresa, en grupos discretos de acuerdo con la función de dichos bienes o servicios y, lo más importante, mirar en el espejo cómo se organizan los mercados individuales.

La gestión por categorías permite el entendimiento de las necesidades reales de los clientes internos, en el otro extremo de la cadena de Abastecimiento.

El código estándar de productos y servicios de Naciones Unidas "UNSPSC®" coordinado por GS1 US™ y respaldado por el Programa de Desarrollo de Naciones Unidas (PNUD) desde 2003, es un sistema de cifrado, multisectorial, global y abierto para una clasificación eficiente y precisa de productos y servicios. Es un sistema eficiente, preciso y flexible de clasificación.

Permite:

- Abarcar un conjunto de códigos de clasificación jerárquica de 5 niveles.
- Visibilizar el análisis del gasto en los niveles requeridos por las necesidades de la Empresa.
- Lograr un abastecimiento costo - efectivo y
- Explotar las capacidades de comercio electrónico.

Puede subir o bajar en el conjunto de códigos, para ver más o menos detalle según sea necesario para el análisis de negocio.

La Clasificación Industrial Internacional Uniforme de todas las actividades económicas (CIIU) por su parte, tiene como objetivo principal, proporcionar un conjunto de categorías de actividades utilizables para recopilar y presentar informes estadísticos de acuerdo con esas actividades. Es referente para el desarrollo de las clasificaciones nacionales de actividades, e importante herramienta para comparar datos estadísticos sobre actividades económicas a nivel internacional.

Por tratarse de un tema de limitada difusión y en el cual no se cuenta con muchos expertos, solo pocas empresas especialmente multinacionales, se han embarcado en su implantación y aquellas que tienen alguna referencia sobre el tema pecan por omisión al no intentar su implantación.

Un ejemplo de árbol de categorías, puede ser el siguiente:

El proceso de gestión por categorías, se plasma en la siguiente

Árbol de categorías

1 Oficina	2 Mantenimiento de instalaciones	3 Personas	4 Servicios profesionales	5 Recursos Humanos	6 TI & Comunicaciones	7 Servicios financieros	8 Mercadeo	9 Viajes	10 Logística	11 MRO	12 Equipos de producción
1 útiles de escritorio e insumos	1 Aseo	1 Contratistas y subcontratistas	1 Consultoría en administración	1 Reclutamiento	1 Hardware	1 Bancario	1 Medios impresos	1 Conferencias & reuniones	1 Transporte aéreo	1 Repuestos	1 Equipo para manejo de materiales
2 Muebles	2 Vigilancia	2 Alquiler	2 Consultoría en TI	2 Entrenamiento	2 Periféricos	2 Auditoría	2 Consultoría en comunicación	2 Hoteles	2 Transporte férreo	2 Herramientas manuales	2 Equipo de producción
3 equipos	3 Cafetería	3 Proveedores	3 Consultoría en ingeniería	3 Beneficios	3 Software	3 Seguros	3 Medios de comunicación	3 Alquiler de vehículos	3 Transporte terrestre	3 EPP's	3 Equipo de medición y ensayos
Suscripciones	4 Electricidad	4 Consultoría	4 Consultoría jurídica	4 Reconocimiento	4 Servicios de TI	4 Tarjeta de crédito	4 Eventos y Exhibiciones	4 Trenes	4 transporte marítimo	4 Suministros de laboratorio	4 Otros bienes de capital
5 Suministros varios	5 Calefacción, ventilación y aire acondicionado	5 "brokers"	5 administración de personal temporal	5 Vehículos para ejecutivos	Telecomunicaciones	5 Otros servicios financieros	5 Agencias de publicidad	5 Gestión de viajes	5 Courier y paqueteo	5 Lubricantes	
		6 Otros	6 Personal temporal	6 Compensación	6 Datos		6 Servicios de mercadeo	6 Tiquetes aéreos	6 Embalaje	6 Aire y gas	
									7 Intermediación aduanera	7 Químicos	
									8 Servicios de facturación	8 Herramientas de corte	
									9 Sistemas de almacenamiento	9 Otros MRO	
									11 Otros servicios		

gráfica:

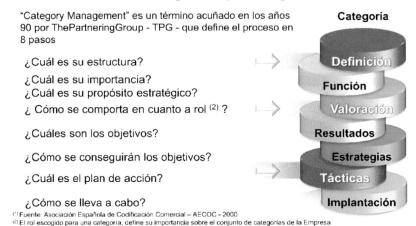

Proceso de la gestión por categorías [1]

"Category Management" es un término acuñado en los años 90 por ThePartneringGroup - TPG - que define el proceso en 8 pasos

¿Cuál es su estructura?

¿Cuál es su importancia?
¿Cuál es su propósito estratégico?

¿Cómo se comporta en cuanto a rol [2] ?

¿Cuáles son los objetivos?

¿Cómo se conseguirán los objetivos?

¿Cuál es el plan de acción?

¿Cómo se lleva a cabo?

[1] Fuente: Asociación Española de Codificación Comercial – AECOC - 2000
[2] El rol escogido para una categoría, define su importancia sobre el conjunto de categorías de la Empresa

Una visión esquemática de la gestión por categorías, es la siguiente:

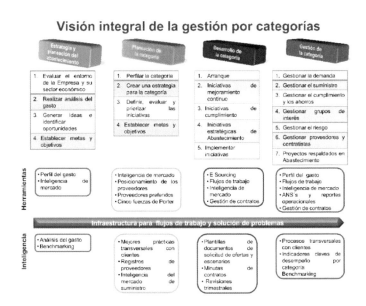

Visión integral de la gestión por categorías

Decisiones

¿ Se documenta claramente la categoría y se articula para una comprensión adecuada por parte de los interesados?

¿ El personal de abastecimiento ha desarrollado habilidades y destrezas que contribuyan a hacer más exigente el análisis de la categoría y reducir el tiempo dedicado a detalles tácticos?

¿ La estrategia de una categoría cuenta con un plan de comunicaciones que identifique no solo los clientes internos y otros interesados en el tema, sino también los pros y los contras para que el contenido, la frecuencia y el canal de comunicación pueden ser aceptados por los distintos grupos de interés, según corresponda?

¿ La estrategia de una categoría como un documento dinámico, se revisa proactivamente y se ajusta de acuerdo con la naturaleza dinámica de las influencias internas «grupos de interés» y externas «proveedores y contratistas»?

¿ Se reconoce la retroalimentación de clientes internos con sus observaciones y sugerencias que permitan alinear la estrategia de una categoría con las prioridades de dichos clientes?

¿ Se formaliza un proceso de revisión con sus propios mecanismos para validar con las partes interesadas y proveedores y contratistas que la estrategia planteada para una categoría sigue siendo la apropiada?

¿ Dado que es una disciplina relativamente inmadura, la Empresa debe dar pasos positivos hacia la creación del entorno adecuado para gestionar categorías tales como: re - alineamiento de las estructuras organizacionales y estableciendo marcos y normas comunes para la gestión de categorías?

¿ Se requiere institucionalizar dicha gestión como una capacidad medular de abastecimiento en la misma medida en que el abastecimiento estratégico lo es actualmente en muchas empresas?

Plan Anual de Compras y Contratación - PACC -

Nociones

Es frecuente que la función de Abastecimiento se subvalore y se considere como una actividad transaccional. Una empresa manufacturera promedio gasta por lo menos el 50% del costo del producto vendido, en la adquisición de materias primas, componentes, embalajes y suministros diversos. En otras empresas este valor puede aproximarse a 90% (60% en la industria textil y más del 80% en la industria del petróleo), lo que torna más crítica la gestión de Abastecimiento.

En mayor o menor intensidad, las empresas petroleras que han tomado la decisión de tercerizar el suministro bienes y servicios enfrentan circunstancias como las que se describen a continuación:

70 % del personal que trabaja en oficinas y campo NO son empleados de la Empresa; ellos son empleados de los contratistas	80% del total del gasto de la Empresa, se compromete con contratistas y proveedores	90 % de los accidentes e incidentes en HSE, les ocurren a individuos que son empleados de los contratistas

La reflexión que debe hacerse un Gerente o Director de

110

Abastecimiento es ¿Cómo manejar entonces de manera costo - efectiva, una concentración tan importante en términos del gasto que se coloca en manos de terceros?

Se impone la necesidad de disponer de un modelo estratégico de abastecimiento cuya actividad primordial debe consistir en dimensionar la demanda interna de bienes y servicios, tangibles e intangibles de la Empresa.

Este dimensionamiento de la demanda interna, busca entender las necesidades inmediatas y futuras para la adquisición de bienes y servicios, incluyendo justificación, alineamiento con el plan de negocios, criticidad, requerimientos de especificaciones y diseño, oportunidades de estandarización, agregación y planeación de la demanda, riesgos, etc.

Las necesidades de los clientes internos en la Empresa, presentan las características descritas en la gráfica siguiente:

Se impone la necesidad de una planeación periódica del abastecimiento. De otra manera, Abastecimiento se dedica a «apagar incendios» a lo largo del año, en la medida en que las necesidades de los cliente internos surgen de manera aleatoria y lo que es más delicado, obligan a contar con un contratista o tener disponible un suministro en plazos angustiosos o irreales. La falta de una temprana y oportuna identificación de necesidades impide o hace muy difícil agregar valor a los procesos de compras y contratación.

La dinámica interna de un PACC, se puede describir como un proceso secuencial que abarca las siguientes etapas, asociadas también al desarrollo y disponibilidad de una herramienta colaborativa:

- Se recomienda seleccionar el último trimestre del año, para iniciar la planeación del ciclo siguiente.
- Las fichas de cada necesidad de contratación o compras, son diligenciadas directamente por los clientes internos con el direccionamiento y respaldo de Abastecimiento; por supuesto previa revisión y aprobación de cada Gerencia o instancia según el tipo de empresa.
- Abastecimiento procede a consolidar estas necesidades para tener una visión integral del horizonte de planeación; normalmente el año calendario siguiente.
- Lo anterior no es un impedimento para que el plazo de un contrato pueda ser superior a un año. Para efectos del PACC se considera el presupuesto del primer año.
- Abastecimiento presenta el PACC consolidado, a la instancia adecuada en la cual regularmente en una empresa se consideran las necesidades de compras y contratación.

La concepción integral del PACC ha venido evolucionando para considerar los contratos y ordenes de compras que vencen en el período siguiente y que pueden estar sujetos a prórrogas o en su defecto, implican la necesidad de abrir nuevos procesos de solicitud de ofertas. Esta situación se observa en la gráfica siguiente:

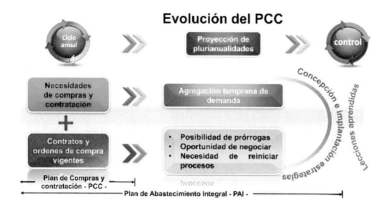

En un buen número de empresas la planeación presupuestal y el PACC son ejercicios inconexos, que inician en distinta épocas del año, sin ninguna interrelación entre Abastecimiento y el área financiera. Los celos impiden acercarse tempranamente buscando una participación activa y concertada para agregar valor a la planeación corporativa como se observa a continuación:

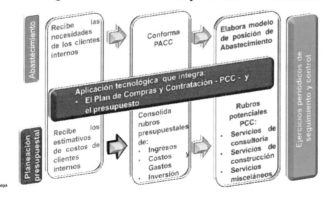

El PACC agrega valor en tres procesos específicos:

- **Demanda interna:** Permite la oportuna y temprana identificación de las necesidades inmediatas y futuras para la adquisición de bienes y servicios incluyendo alineamiento con el plan de negocios, criticidad, requerimientos de especificaciones técnicas, oportunidades de estandarización y agregación, con aportes específicos en:

- ➤ Creación de conciencia corporativa:
  - ✓ Conveniencia de planear.
  - ✓ Mitigar incertidumbre.
  - ✓ Reducir el comportamiento de "apaga incendios".
  - ✓ Facilitar procesos de revisión, aprobación y control.
  - ✓ Ajustar y acomodar necesidades.
- ➤ Consolidación de necesidades:
  - ✓ Ejercicio corporativo.
  - ✓ Metodología única.
  - ✓ Formatos unificados.
  - ✓ Coordinación centralizada.
  - ✓ Oportunidad del ejercicio.
- ➤ Información:
  - ✓ Cuidadosa, suficiente y completa.
  - ✓ Antecedentes de procesos.
  - ✓ Con la debida anticipación.
- ➤ Definición de un modelo de posición del suministro:
  - ✓ Segmentación: riesgo, impacto y oportunidad vs. gasto anual por artículo.
  - ✓ Características propias de cada cuadrante.
  - ✓ Estrategias genéricas de cada cuadrante.
  - ✓ Agregación de demanda para bienes y servicios comunes.
  - ✓ Perfiles de compradores y proveedores.
- ➤ Influencia de la Empresa:
  - ✓ Sinergias corporativas. Plan Integrado del negocio «PIN».
  - ✓ Reducir riesgos.
  - ✓ Agregar demanda.
  - ✓ Definir niveles de confianza entre la Empresa y sus proveedores y contratistas.
  - ✓ Selección de tipos de contratos.

➤ Enfoque estratégico:
   ✓ Definición de estrategias globales.
   ✓ La matriz de posicionamiento del proveedor. desplegada en la gráfica siguiente:

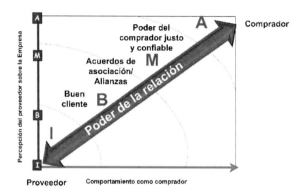

- **Suministro externo:** Mejor entendimiento de las tendencias y comportamiento del mercado, incluyendo salud de la industria, competitividad, participación en el mercado.

➤ Estrategias operativas:
   ✓ Mantener existencias.
   ✓ Facturación consolidada.
   ✓ Comercio electrónico.
   ✓ Pronóstico de la demanda.
   ✓ «Benchmarking».
   ✓ Reingeniería de procesos.
   ✓ Inspección.
   ✓ Planificación de la calidad.
   ✓ Aprovechar pericia e innovación del proveedor.
   ✓ Aseguramiento de calidad.
   ✓ Desarrollo del proveedor.
➤ Indicadores de desempeño del PACC:

✓ Ahorros: calificados por: fuentes alternativas de suministro; nuevos proveedores; estandarización; contratos marco; descuentos por volumen.
✓ Ciclo de contratación.
✓ Impacto en Ebitda.
➢ Seguimiento y control:
✓ Revisiones periódicas y reportes a la Alta Gerencia.
✓ Inclusión de nuevos rubros.
➢ Acercamiento a proveedores y contratistas:
✓ Crecimiento inteligente de un registro teniendo como referencia las necesidades previstas para el ciclo siguiente del PACC.
✓ Publicación del PACC en la página WEB de la Empresa, como medida transparente de captación de oferentes interesados.
✓ Actualización regular del registro.
➢ Triángulo virtuoso de la contratación:
✓ Los clientes internos elaboran oportunamente los alcances de los servicios y los presupuestos. Abastecimiento define la estructura de costos.
✓ Revisión de dichos alcances con oferentes potenciales.
➢ Sondeos de mercado:
✓ Realizados con la debida anticipación dirigidos a listas largas de potenciales oferentes para llegar a listas cortas.

• **Selección de contratistas:** Aproximación consistente al mundo de proveedores y contratistas en línea con la estrategia seleccionada para entregar valor a la Empresa en términos técnicos, económicos cumplimiento de plazos y reducción de riesgos.

➢ Acercamiento a potenciales oferentes:
✓ Identificación temprana de potenciales oferentes para satisfacer las necesidades identificadas en el PCC.

✓ Reuniones «informales» pre contractuales de revisión de alcances de los servicios y de estructuras de costos seleccionada.
➢ Interfaces entre plataformas informáticas:
    ✓ El PCC debe interactuar con las plataformas de:
- Presupuesto.
- Registro de proveedores.
- Evaluación de desempeño de proveedores.

El diligenciamiento de las fichas PACC, suele causar roces con los clientes internos, quienes en los primeros ejercicios, tienden a manifestar su inconformismo con la cantidad de información solicitada. No obstante cuando ganan confianza con la herramienta reconocen la importancia de consolidar en una fase temprana la mayor información posible sobre los procesos de abastecimiento.

La información y datos a consignar en las fichas tienen que ver, por ejemplo con: Centro de costos; tipo de bien o servicio; tipo de contrato; modalidad de remuneración; si se trata de una inversión en «opex» o «capex»; presupuesto estimado; duración; contratista actual; antecedentes; características de impacto y riesgo del suministro o servicio; potenciales oferentes, ideas de optimización y lecciones aprendidas del proceso anterior; entre otras.

En sus inicios, el PACC debería montarse en una base en Excel que permite mediante tablas dinámicas organizar los datos de acuerdo con necesidades específicas de la función de compras o de los clientes internos; cuando se alcanza un nivel satisfactorio de la herramienta, es posible y se recomienda asociarlo con el ERP de la Empresa.

En algunas empresas se acostumbra descentralizar y colocar en manos de los clientes internos la gestión de compras y contratos con base en un monto acordado de antemano. ¿Deben incluirse o no estas necesidades en el PACC? Es lo más indicado porque es posible agregar demanda en la compra de bienes y servicios, para los cuales se recomienda minimizar tiempo y esfuerzo mediante actividades como:

- Procesos sencillos de adquisición, recepción, contabilidad y pagos.
- Órdenes de compra/contratos marco abiertos, asignados a clientes internos una vez negociados.
- Un solo proveedor.
- Minimizar la administración.

Se excluyen del PACC actividades tales como: Viáticos y gastos de viaje, capacitaciones (cursos individuales), suscripciones, servicios públicos, impuestos, tasas, multas, debido a que estos son costos y gastos no «gestionables» desde la función de abastecimiento; no es posible agregarles valor.

Los ahorros como mecanismo para medir el PACC

¿Cómo medir la efectividad del PACC?:

El indicador identificado hasta este momento es el de potencial de ahorros «creación de valor» como un instrumento de medición de la efectividad de un abastecimiento costo «efectivo», asumiendo que los presupuestos consignados en el PACC, está basados en pronósticos realísticos del mercado.

El PACC permite:

- Identificar potenciales reducciones de costos u ahorros.
- Ubicarlos en la cadena de abastecimiento.
- Cuantificar su impacto y calificar su tipo.

Tempranamente es posible:

- Anticipar cómo es posible influenciar para buscar esos ahorros.
- Definir planes de acción para lograrlos:
  - ➢ Actividades.
  - ➢ Responsables.
  - ➢ Plazos.
- Definir mecanismos de medida, seguimiento, control y acciones alternativas para mitigar riesgos en su consecución.

Los siguientes pueden ser criterios específicos para calificar las distintas modalidades de ahorros, por:

* Proceso competitivo.
* Adjudicación a un nuevo oferente, no considerado en procesos anteriores.
* Negociación en contratación directa.
* Agregación de demanda interna o externa.
* Reingeniería del alcance de los servicios o estandarización de especificaciones técnicas.
* Identificación de fuentes alternas.
* Materiales sustitutos.
* Mecanismo de subasta.
* Opción de contratos marco.
* Descuentos por volumen.
* Reducción de precios por prórroga de contratos u órdenes de servicios.
* Reducción por pagos anticipados.

El indicador corresponde al valor presupuestado, menos el valor final de adjudicación, dividido entre el valor presupuestado. El valor presupuestado es el valor estimado de la compra o servicio a contratar que planifica el cliente interno y el valor final de adjudicación es el valor total adjudicado de la compra o servicio a contratar.

Ahorros

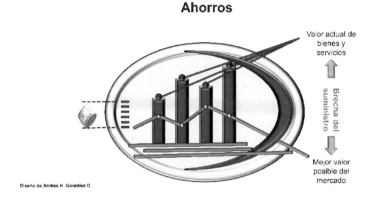

Otros indicadores de desempeño del PACC pueden ser:

- Cobertura del PACC:

  Cuando se tiene en marcha un PACC, un indicador de desempeño representativo es aquel que indica la cobertura en términos de número de procesos y en valor que fueron considerados desde un principio, frente a los procesos que van apareciendo a lo largo del año. La gráfica siguiente da muestra de ello:

Balance PACC 201X - I

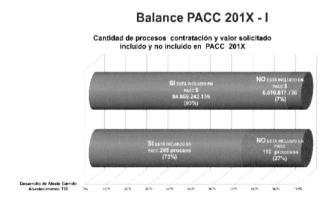

- Indicador de atención oportuna en la gestión de compras:

Mide la gestión oportuna en el trámite de las solicitudes de contratación. Resulta de dividir las solicitudes atendidas oportunamente en el periodo «n» entre las solicitudes que debieron terminar en ese mismo periodo «n». El parámetro para determinar las solicitudes atendidas oportunamente, se establece con base en metas definidas de acuerdo con los montos de los procesos de contratación.

Decisiones

¿ Se cuenta con una herramienta que identifique las necesidades de la Empresa y sirva de punto de partida para articular un plan estratégico para identificar y celebrar contratos y órdenes de compra, que se deben formalizar en un período específico?

¿ Se han identificado las necesidades de Abastecimiento de la Empresa?

¿ Están organizadas estas necesidades, en términos de categorías de bienes y servicios?

¿ Se incluye en el PACC, la información sobre contratos y órdenes de compra que vencen en el período siguiente y que pueden estar sujetos a prórroga o a solicitudes de oferta, porque no se desea continuar la relación contractual con el proveedor o contratista actual?

¿ Es un ejercicio conjunto, de Abastecimiento quien lo lidera y de los clientes internos cuyo conocimiento de la necesidad, debe reflejarse en información completa y oportuna?

¿ Se facilita la participación activa de los clientes internos y la revisión de los gerentes en la elaboración de los planes y estrategias de contratación?

¿ Se establece el marco de referencia para cuantificar los recursos requeridos en el área de compras y contratación para el desarrollo de los procesos de abastecimiento?

¿ Se obtiene anticipadamente endoso interno y de las instancias apropiadas para el desarrollo del plan?

¿ Se identifican aquellos contratos que la Alta Gerencia de la Empresa quiere reservarse para evaluación más detallada?

¿ Es una práctica regular la búsqueda de oportunidades para

agregar demanda que surge de necesidades dispersas en la Empresa?

¿ Es posible efectuar un seguimiento periódico del desarrollo del plan?

¿ Se ha definido qué debe acometerse con recursos propios?

¿ Qué con contratistas independientes y qué con empresas temporales?

¿ Se ha definido la vigencia de los contratos a corto, mediano y largo plazo?

Los factores de éxito de un PACC, se observan en el mapa mental siguiente:

Las reacciones de los clientes internos, especialmente en las esferas de la alta gerencia en distintas empresas en las cuales el autor enfrentó el cambio con ocasión de iniciar la implantación del PACC, con algo de humor se plasma en las siguientes expresiones:

Modelo de posición del aprovisionamiento

Nociones

El PACC suministra una detallada información de las necesidades periódicas de abastecimiento de una empresa, pero no permite evaluar la importancia relativa de cada uno de los diversos bienes y servicios que se compran o contratan.

Para lograrlo es necesario acudir a una metodología que permita determinar dicha importancia relativa. De las numerosas referencias académicas, vale la pena indicar dos: El modelo de kraljic y particularmente el modelo de posición del aprovisionamiento del Sistema Modular de Formación Internacional en Gestión de Compras y de la cadena de Suministros, desarrollado por el Centro de Comercio Internacional de la Unctad/OMC.

La siguiente es la expresión de los dos modelos:

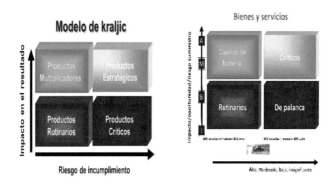

El modelo de posición del aprovisionamiento del CCI, tiene en cuenta:

124

- El nivel de gasto anual en un artículo, sea un bien o un servicio.
- El impacto potencial en la Empresa, si no se alcanzan los objetivos de suministro.
- Las oportunidades y riesgos de suministro.
- Y además permite:

  ➢ Priorizar tiempo y esfuerzo.
  ➢ Desarrollar estrategias de aprovisionamiento.

El análisis de estos factores permitirá ubicar las necesidades de bienes y servicios en el cuadrante correspondiente.

Cada cuadrante tendrá características particulares en términos de:

- Número de proveedores a utilizar.
- Tipo de relaciones con proveedores.
- Tipo de modalidad contractual a utilizar.
- Estrategias operativas generales.
- Estrategias operativas específicas.
- Características ideales del proveedor o contratista.
- Tipos de compradores a involucrar.

Decisiones

¿Se han clasificado los contratos por tipo de impacto y riesgo para la Empresa?

¿ Se ha definido qué servicios y suministros asumirá La Empresa?

¿ Se concentran las contrataciones y las compras en ciertas épocas del año, o se escalonan y distribuyen a lo largo del año para una utilización más eficiente de los recursos?

¿ Se conoce la competencia que representan otras empresas, contratando los mismos tipos de servicios o suministros?

¿ Se ha establecido la disponibilidad y calidad de la oferta regional/local de servicios, bienes y mano de obra?

¿Se han dimensionado los contratos en concordancia con la

capacidad de oferta del mercado de contratistas y proveedores?
¿ Se requiere identificar potenciales contratistas fuera de la región, o incluso extranjeros?
¿Se ha instruido a los clientes internos sobre la información y datos que deben suministrar para estructurar el Plan?
¿Se han identificado los contratos a nivel del cliente interno?
¿Existen canales adecuados de comunicación con los clientes internos?
¿Se han definido las modalidades de contratación desde el punto de vista de remuneración de los servicios?
¿Se conoce el desempeño de los contratistas existentes?
¿Se cuenta con una política general de contratación?
¿Se dispone de un manual de Abastecimiento?
¿Los recursos disponibles de personal son suficientes?
¿El grado de profesionalismo del personal es satisfactorio?
¿Se dispone de un sistema ágil de control y suministro de información en el proceso de contratación?
¿Existe un acercamiento y conocimiento del mercado y sus prácticas?
¿Se ha puesto en práctica una metodología consistente para evaluar ofertas en sus dos grandes componentes: Técnico y económico?
¿Se han cuantificado las necesidades en materia de inversión?
¿Se han definido políticas de reajustes mediante identificación de fórmulas, coeficientes, índices, etc.?
¿Cuál será la política de la Empresa para pactar anticipos?
¿Se ha definido cuáles deben ser las pólizas de seguro y garantías que se exigirán?
¿Cómo se controlará el avance oportuno de los trabajos?
¿Cómo se podrá identificar anticipadamente, la ocurrencia de potenciales reclamos?
¿Se desarrollarán procedimientos eficientes para el cierre y liquidación de contratos?

Los gráficos siguientes describen en el primer caso las características de los cuadrantes y en el segundo las estrategias generales aplicar en cada uno:

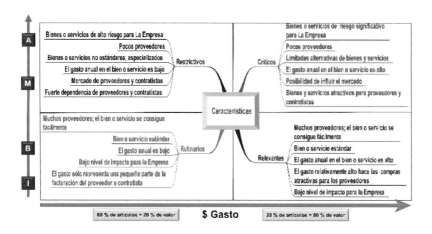

En el gráfico siguiente se puede observar que los bienes y servicios, en cada cuadrante no se manifiestan en forma «pura»; por el contrario pueden mostrar características y condiciones dependiendo de su posición en el cuadrante y de su mayor o menor cercanía a los cuadrantes aledaños.

Las estrategias de suministro para artículos que se ubican en las fronteras de dos cuadrantes, pueden presentar condiciones similares.

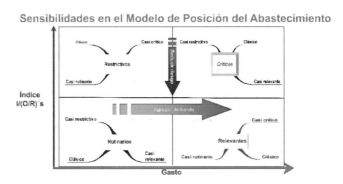

La figura siguiente expone cómo debe buscarse mover las compras y contrataciones hacia los cuidantes inferiores buscando reducir el riesgo y una vez allí, hacia el cuadrante inferior mediante la agregación de la demanda:

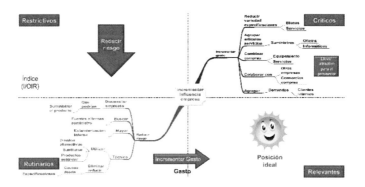

Potencialización del modelo de posición del aprovisionamiento

Nociones

Seleccionado un modelo de posición del aprovisionamiento, éste se utiliza únicamente para segmentar bienes y servicios, sin explorar la posibilidad de utilizarlo de manera sistemática, en los procesos de Abastecimiento.

Las observaciones siguientes surgen de la conveniencia de expandir el uso del modelo de posición del Abastecimiento, para identificar buenas prácticas en los procesos de compras y contratación.

En la medida en que se explore el uso del modelo, se irán identificando buenas prácticas, que agreguen valor al proceso de abastecimiento.

Decisiones:

Elaboración de estrategias

¿ Se elaboran con la debida anticipación, estrategias diversas con mayor o menor profundidad, según el comportamiento de las categorías de cada cuadrante, para lograr una adecuada aproximación al mercado en términos de agregación de demanda, estructuras comerciales, potenciales oferentes, madurez del mercado, etc.?

¿ Se entiende que las estrategias más exigentes y detalladas deben ser aquellas correspondientes a los cuadrantes de alto riego e impacto o de mayor valor?

¿ Se ha analizado en detalle que el cuadrante de rutinarios "en el cual la estrategia general, recomienda minimizar tiempo y esfuerzo y las buenas prácticas sugieren tercerizar" puede ser objeto de estrategias específicas cuando confluyan en él, circunstancias especiales como por ejemplo los contratos o compras, con énfasis en poblaciones vulnerables que podrían tener acceso a la prestación de servicios y suministro de bienes de bajo riesgo, impacto y costo?

¿Se acepta que la elaboración de estrategias con énfasis en los cuadrantes de mayor impacto, puede brindar una solución más satisfactoria a las expectativas del negocio en términos de costos, calidad, celeridad y oportunidad?

Asignación de talento humano a la gestión de compras o a la gerencia de contratos

¿ Abastecimiento y Gestión del Talento Humano reconocen que la designación de especialistas en compras y /o gerentes de contratos debería efectuarse de acuerdo con las competencias y destrezas requeridas para comprar/contratar bienes / servicios en cada cuadrante?

¿ Se admite que los especialistas en compras y gerentes de contratos crecerán profesionalmente, moviéndose gradualmente de cuadrante en cuadrante, en la medida en que adquieran experiencia en abastecimiento y gestión de contratos y crezcan en el dominio de competencias y destrezas?

¿ Se debe enfatizar el desarrollo de competencias de los gerentes de categoría, llamados a ocupar posiciones estratégicas en las estructuras organizacionales de Abastecimiento?

Capacitación y entrenamiento

¿ Los programas de capacitación y entrenamiento deberán articularse, de acuerdo con las competencias pre determinadas para cada cuadrante?

¿Para cada especialista de compra o gerente de contrato, se determinará la brecha existente entre las exigencias de experiencia y conocimiento / requeridos para el cargo y las propias del incumbente del cargo?

¿La brecha se deberá transformar en un plan específico de entrenamiento?

Delegación de autoridad

¿La nominación de funcionarios solicitantes y autorizados se debe definir de acuerdo con la valoración de riesgo, impacto vs, valor según cuadrantes?

¿ En consecuencia, estos funcionarios deben ser responsables de acuerdo con sus competencias, por los procesos ubicados en un cuadrante específico?

¿ La nominación de los funcionarios no debe ser función de valores definidos de manera aleatoria, en términos de salarios mínimos legales mensuales, sino más bien en función del riesgo e impacto del proceso a comprar o contratar?

¿ Habría una relación más equilibrada, entre la autonomía del funcionario y el nivel de aprobación requerido?

Documentos de solicitud de ofertas y minutas de contratos

¿ Se normaliza y estandariza una buena parte de los documentos de solicitud de ofertas?

¿ Se preparan simultáneamente distintos documentos de las solicitudes de oferta?

¿ Se permite que la función de abastecimiento, prepare directamente y de forma autónoma los documentos de solicitud de ofertas?

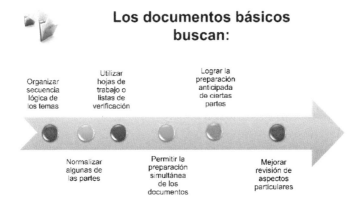

Los documentos básicos buscan:

Organizar secuencia lógica de los temas

Utilizar hojas de trabajo o listas de verificación

Lograr la preparación anticipada de ciertas partes

Normalizar algunas de las partes

Permitir la preparación simultánea de los documentos

Mejorar revisión de aspectos particulares

¿ Los documentos utilizados para solicitar ofertas y perfeccionar los acuerdos contractuales, deberían organizarse considerando que las categorías de bienes y servicios se segmentan de la misma manera en cada cuadrante según riesgo, impacto y oportunidad?

¿ El dimensionamiento y complejidad de los documentos, deberán responder a los riesgos definidos en cada cuadrante?

¿ En consecuencias los documentos deberán migrar de documentos muy sencillos para el cuadrante de rutinarios, a documentos muy exigentes en términos técnicos, comerciales y contractuales, para los otros cuadrantes?

¿ Los procesos de bajo riesgo, deberían fluir de manera más sencilla y rápida?

¿ Los procesos más sofisticados no tendrán condiciones o exigencias más allá de lo recomendado o acostumbrado según buenas prácticas?

Criterios de evaluación de ofertas y de adjudicación

¿ Se dedican ingentes esfuerzos a determinar los criterios de evaluación de ofertas de bienes y servicios que revisten condiciones muy exigentes y difíciles en términos de especificaciones técnicas, alcances, costos, etc.?

¿ Se pone en riesgo el enfoque anterior que se distorsiona, cuando estos criterios se hacen extensivos, sin ningún tipo de atenuación o adaptación a procesos menos exigentes o riesgosos?

¿ Se diferencian los criterios de evaluación de ofertas y los de adjudicación para cada cuadrante del modelo de posición del abastecimiento?

Criterios de adjudicación

¿De igual manera algo similar, se estructura para los criterios de adjudicación?

¿El proceso de evaluación, será tan exigente como lo requiera la dificultad y exigencia de la compra o contrato?

Análisis de la situación financiera de oferentes, proveedores y contratistas

¿ Se recalca que el análisis de la situación financiera de contratistas, proveedores y potenciales oferentes deberá ser más exigente, cuidadoso y penetrar con mayor detalle, en la medida en que se trate de bienes y servicios críticos o de alto valor?

¿ Y que el nivel de detalle, disminuirá para contratos de bajo riesgo y costo?

¿ Se fortalece el análisis financiero temprano de proveedores y contratistas en cualquiera de las siguientes instancias: sondeos de mercado; fuente única; contratación directa, solicitud de ofertas, sin pasar por alto la prórroga de contratos?

¿ Se hace hincapié en tercerizar esta actividad que es una carga incómoda y dispendiosa para las áreas financieras de la

Empresa?

¿ Se debería tercerizar el análisis de la situación financiera de oferentes, proveedores y contratistas con compañías que tienen esta actividad como su razón de ser, para obtener mejores resultados y a la vez aliviar esta carga en el área financiera de la Empresa?

¿ Se revisa con la empresa seleccionada el grado de análisis requerido, según cuadrante?

¿ Se cuestiona que los registros de proveedores y contratistas, si bien dedican esfuerzo al análisis de la situación financiera de los mismos, no necesariamente lo hacen con el rigor y la profundidad requeridos?

¿ Se conoce por otra parte que las áreas financieras, cuando respaldan los análisis de este tipo de información suministrada con las ofertas, se limitan a 4 o 5 indicadores que dan una visión financiera limitada o restringida para confirmar si el contratista o proveedor seleccionado, está en capacidad de cumplir los compromisos financieros, adquiridos al suscribir el contrato o la orden de compra?

¿ Se han identificado en el país los consultores que han desarrollado este tipo de servicios y lo prestan con idoneidad?

Los mapas mentales siguientes dan una idea de los detalles que las compañías especializadas regularmente cubren en el análisis financiero de oferentes contratistas y proveedores:

Exigencias en HSE (Salud Ocupacional, Seguridad Industrial y Medio ambiente)

¿Las exigencias en materia de HSE «Health, Safety & Environment» varían generalmente de acuerdo con los riesgos asociados a la prestación del servicio o al suministro?

¿Aplicar un mismo conjunto de exigencias sin diferenciar riesgo, implica hacer un mismo tipo de exigencias del orden contractual a proveedores ubicados en distintos cuadrantes, lo que no es coherente?

¿En el cuadrante de rutinarios las exigencias son mínimas, comparadas con el cuadrante de críticos?

¿Es más, para un servicio o suministro con altas exigencias en materia de HSE, debería solicitarse una oferta independiente, práctica que es de común aplicación en el sector petrolero?

Planes de incentivos: bonificaciones y multas

¿Tienen los planes de incentivos una especial consideración en el suministro de bienes y servicios, ubicados en el cuadrante de críticos, con énfasis en proyectos?

¿Se entiende por un plan de incentivos, aquel en el cual se acuerda con el proveedor o contratista un reconocimiento, si cumple metas acordadas, teniendo en cuenta su capacidad de respuesta, o por el contrario multas cuando se incumplen los compromisos o hitos convenidos?

¿Es claro que no necesariamente deben aplicarse bonificaciones y multas simultáneamente; pueden ser unas u otras, dependiendo de las exigencias específicas del contrato u orden de compra?

¿Una forma de anticipar fechas de entrega de bienes y servicios frente a las pactadas en un cronograma específico, son los planes de incentivos aplicados por excepción?

¿ Esta anticipación es válida cuando se derivan beneficios tangibles en las fechas de entrega de un proyecto; anticipos de procesos de producción; entrada temprana de otros proveedores o contratistas y los beneficios medidos en términos económicos, son muy superiores a las bonificaciones reconocidas?

Madurez de la contratación

¿ Indican las estrategias operativas que para bienes y servicios ubicados en los cuadrantes superiores del modelo de posición del abastecimiento, los contratos u órdenes de compra que los amparan, deben ser acuerdos suscritos a mediano o largo plazo para asegurar el desarrollo de alianzas en el caso de críticos, o la continuidad en el suministro de bienes o servicios restrictivos o cuello de botella?

¿ Si bien la oportunidad expresada para críticos y restrictivos, es una buena práctica y debe ser una prioridad; para los cuadrantes restantes, en la medida en que se identifican proveedores y contratistas con desempeños satisfactorios, es conveniente ir incrementando los plazos de manera paulatina?

Se ha validado que contratos con plazos de un año o un poco más, significan un desgaste administrativo muy alto en términos de:

¿Procesos de selección?

¿Instancias de aprobación?

¿Cierre y liquidación de los existentes?

¿Pérdida de la curva de aprendizaje, entre otros?

No constituyen motivaciones suficientes para que los contratistas efectúen inversiones en temas como:

¿Entrenamiento y capacitación de su talento humano?

¿Reposición o actualización de sus plataformas informáticas o?

¿Certificación o acreditación en otras normas de calidad?

A continuación se describen algunos criterios que podrían ser útiles al momento de determinar cuál podría ser la duración de un contrato o de una orden de compra.

Criterios	Corto plazo hasta 1 año	Mediano plazo hasta 2 años	Largo plazo 3 o más años
Valor del contrato	Bajo	Medio	Alto
Ahorro potencial	Bajo	Medio	Alto
Impacto por incumplimiento o suspensión del contrato	Menor	Medio	mayor
Naturaleza del mercado:			
• Número potencial de contratistas	Muchos	Algunos	Pocos
• Dificultad para conseguir nuevos contratistas	No	No	No
• Grado de competitividad	Muy alta	Buena	Limitada
Prioridad del servicio	Baja	Media	Alta
Alternativas posibles	Muchas	Pocas	Ninguna
Alcance de los servicios	Estándar	Modificable	Especial
Implicaciones sociales/legales/ gubernamentales	Ninguna	Pocas	Importantes

Auditorías regulares y esporádicas

¿ Se enfocan las auditorías regulares resultantes de un plan anual de control interno, en los contratos y ordenes de compras que por su riesgo, impacto y valor lo ameriten?

¿ Es decir concentran su esfuerzo en el cuadrante de críticos, por ejemplo?

¿ Cuándo se tercerizan las auditorías, concentrarse en los bienes y servicios ubicados en los cuadrantes de alto riesgo, impacto o valor, significa optimizar los costos de esto servicios?

¿ Esto no significa, desproteger los cuadrantes restantes?

¿ Son autónomos los gerentes de contratos para solicitar auditorías, cuando su sentido de prevención les indique que un contratista o proveedor, manifiesta síntomas que pueden indicar una debilidad o una falla en su desempeño en el contrato?

El esquema siguiente describe como debe realizarse un proceso de auditoría desde el momento en que se identifica su necesidad hasta determinar el plan de acción:

Mecánica de un proceso de auditoría

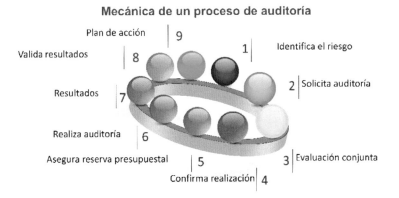

Plan de acción | 9

Valida resultados | 8

1 | Identifica el riesgo

2 | Solicita auditoría

Resultados | 7

Realiza auditoría | 6

Asegura reserva presupuestal | 5

3 | Evaluación conjunta

Confirma realización | 4

Protocolo de fraude y corrupción

¿ Aunque todos los procesos de abastecimiento son susceptibles de corrupción y soborno, independientemente del cuadrante en que se ubique un bien o servicio; se acepta que se requieren mayores esfuerzos de prevención y control en aquellos cuadrantes, en los cuales se concentra el gasto: Relevantes o de palanca y críticos?

¿ Se advierte que la prevención de la corrupción y el soborno, debe desarrollarse desde las etapas tempranas del proceso de abastecimiento, buscando mecanismos de transparencia, que eviten que potenciales fisuras de fraude y corrupción se concreten en un riesgo?

Qué estas fisuras están latentes en:

¿ Alcances de los servicios sesgados, que privilegian a un oferente?

¿ Difusión selectiva de información privilegiada?

¿ Inclusión en las «listas largas», que normalmente son poco auditadas?

¿ Demoras en la formalización de las adjudicaciones, que dan pie

a manipular la información?
¿Modificaciones del contrato, para adicionar alcances por fuera del objeto original?
¿No aplicación de sanciones y multas?
¿Cómo se establecen medidas para conocer, prevenir y controlar manifestaciones de corrupción y sobornos?
¿Consignaciones en cuentas en el exterior?
¿Atenciones reiterativas y excesivas?
¿Clubes?
¿Restaurantes?
¿Eventos?
¿Conciertos?
¿Torneos?
¿Festivales?
¿Visitas a fábricas?
¿Regalos navideños?
¿Vacaciones?
¿Fines de semana?

Descuentos preferenciales en:
¿Bienes?
¿Servicios?
¿Oportunidades laborales para familiares?

Reuniones periódicas de desempeño - RPD - de contratistas y proveedores

¿ Se admite que estas reuniones, en el cuadrante de críticos o relevantes «de palanca» son diferentes a las reuniones regulares que se sostienen durante la ejecución del contrato?

¿ Que son reuniones que pretenden involucrar actores del más alto nivel de la Empresa, para conocer de primera mano?

¿ Qué sucede en la ejecución de contratos de alto riesgo e impacto? y

¿ Cómo, en el caso de un desempeño deficiente, se ponen en riesgo metas y objetivos corporativos?

¿ Se busca que estas reuniones, además de brindar visibilidad al gerente del contrato en su gestión contractual, permitan que cuando no se han podido concertar diferencias o tomar decisiones que impactan el contrato, la intervención de otros actores con mayor autoridad y poder de decisión, faciliten o aceleren los acuerdos pendientes?

A continuación se esquematiza la manera como progresa de manera creciente el relacionamiento con el contratista:

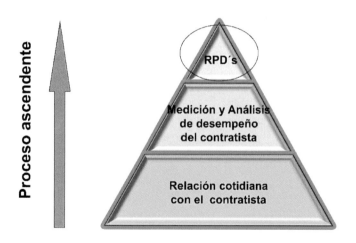

Evaluaciones de desempeño: periodicidad y penetración

¿ Se acepta que en un buen número de empresas la evaluación de desempeño de contratistas y proveedores, no está diferenciada de acuerdo con el riesgo, impacto y valor del bien o servicio?

¿Que se utiliza un solo formato de evaluación?

¿ Qué de acuerdo con el cuadrante en el cual se ubica el bien o servicio, la evaluación podría ser más o menos exigente?

¿ Se entiende que graduar la penetración y la periodicidad de la evaluación de desempeño de un proveedor o contratista es determinante, de acuerdo con la ubicación del bien o servicio, en los cuadrantes del modelo de posición del aprovisionamiento?

¿ Se admite que terminar anticipadamente un contrato; acordar un plan de mejoramiento o evitar contratar en el futuro, son medidas y acciones que se toman con base en los resultados de dichas evaluaciones?

¿ En los contratos de servicios, se incorpora en el modelo de evaluación de desempeño, la calificación resultante de los indicadores de desempeño, acordados para cada servicio?

Los objetivos de la evaluación de desempeño se describen en la siguiente figura:

La evaluación de desempeño permitirá:

Identificar mejoras en el alcance de los servicios

Plasmar las lecciones aprendidas

Iniciar una memoria corporativa de desempeño

Solicitar ofertas correspondientes a fuente única o contratación directa

Validar la estrategia original frente a los resultados del contrato

Implantar a través de la organización un sistema único de evaluación de desempeño

Conformar listas potenciales de oferentes

El proceso de evaluación de desempeño es una herramienta que debe ser desarrollada por la función de contratos para asegurar una contratación eficiente/efectiva

Relacionamiento con proveedores y contratistas

Se asume que los niveles de confianza entre proveedores y

contratistas y la Empresa, evolucionan desde niveles muy elementales cuando se trata de:

¿Compras puntuales?
¿Pasando por comercio habitual «compras repetitivas», en el cuadrante de rutinarios?
¿Hasta niveles muy sólidos, cuando se trata de contratos marco o fijos, mediante alianzas establecidas   principalmente en la contratación de bienes y servicios críticos, respectivamente?
¿Se establece bajo este mismo principio, el relacionamiento con proveedores y contratistas?

Los mencionados niveles de confianza se muestran en el esquema siguiente:

Relaciones de confianza proveedor - comprador y tipos de contratos

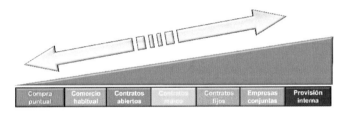

¿Se admite que el talento humano competente y capacitado es limitado en Abastecimiento?
¿Se requiere entonces aprovecharlo de manera eficiente, para lograr los mejores resultados en el relacionamiento con proveedores y contratistas?
¿Se intuye que un relacionamiento permanente y cuidadoso con proveedores y contratistas del cuadrante de rutinarios, podrá ir en desmedro de relaciones más frecuentes y productivas en otros cuadrantes?

¿De ahí la importancia de desarrollar un modelo, que segmente los proveedores en términos de desempeño e importancia estratégica?

¿Una consecuencia de este enfoque podría ser la articulación de un programa de desarrollo de proveedores?

RASCI

¿Se reconoce que la matriz RASCI permite definir para cada cuadrante con el grado de detalle requerido, las interfaces entre los distintos actores que participan en los dos grandes macro procesos de abastecimiento: selección de proveedores y gestión de contratos?

¿Qué una de las mayores dificultades que surgen es definir roles y responsabilidades entre Abastecimiento y el cliente interno o negocio o entre el gerente del contrato y el contratista?

¿Especialmente en aquellas actividades que deben desarrollarse de manera conjunta?

¿Qué estas generalmente son áreas grises que llaman a confusión y afectan el normal desarrollo de los procesos en Abastecimiento?

¿Se conviene que la matriz RASCI no solo se concentra en los roles principales alrededor de los cuales giran los procesos, sino que también identifica otros roles que intervienen de manera importante como a quién se debe solicitar respaldo; a quién consultar y a quién informar?

¿Qué el mayor o menor detalle de una matriz específica, dependerá del cuadrante en el cual se esté desarrollando el proceso de compras o contratación?

La siguiente tabla precisa los términos de cada uno de los componentes del RASCI:

RASCI					
La técnica **RASCI** - por sus siglas en inglés - identifica en una matriz para cada una de las actividades, los roles y responsabilidades de las distintas personas que participan en los procesos de selección de contratistas y gestión de contratos:					
Responsable	"Accountable"	Soporte	Consulta	Información	PSCM
Quien es responsable o dueño de esa actividad, problema o proyecto y tiene las competencias para jugar ese rol. Cada actividad debe tener preferiblemente un solo R. En casos de múltiples R's, las actividades secundarias deben estar mucho más detalladas para separar responsabilidades individuales.	A quien rinde cuentas R. Es quien en última instancia tiene la potestad para aprobar.	Quien contribuye o incluso proporciona recursos para la adecuada identificación, desarrollo y ejecución de una actividad.	Quien debe ser consultado para con su información, confrontación, referencia y/o capacidad contribuir a asegurar el proceso.	Quien debe tener conocimiento del desarrollo de la actividad y especialmente de los resultados; no necesariamente implica acción de su parte.	Procurement Supply Chain Management

Indicadores de desempeño

¿ Se asume que en contratos de prestación de servicios, es imprescindible incorporar indicadores de desempeño, desde el momento de elaboración del alcance, como instrumento para asegurar una adecuada evaluación de desempeño?

Los responsables por la función de abastecimiento y los clientes internos, deben desarrollar las competencias para reconocer y estructurar tipos de indicadores de desempeño:

¿ Productividad: Hacer más. «No mide calidad»?

¿ Financiero: Con menos?

¿ Calidad: Mejor?

¿ Tiempo Velocidad: Más rápido?

¿ Ajustar indicadores de desempeño de acuerdo con:

¿Desarrollo del contrato?

¿Ajustes del alcance?

¿ Realizar ejercicios de referenciación competitiva?

¿ Traducir incumplimiento, desviaciones o debilidades, que se deriven de los indicadores en planes de mejoramiento?

¿ Son los indicadores de desempeño o los acuerdos de niveles de servicio "como se quiera ver" el instrumento adecuado para confirmar si un contratista está dando cumplimiento a las exigencias del contrato?

¿ Qué tan predecible es que los indicadores de desempeño sean fáciles de articular para los servicios ubicados en el cuadrante de rutinarios?

¿ Qué tan compleja es la identificación y construcción de los indicadores más adecuados a medida que los contratos se tornan más engorrosos por razones de impacto, riego y valor?

¿ Se pasa por alto la oportunidad de investigar indicadores al momento de realizar los sondeos de mercado, cuando se toca una "lista larga" de potenciales oferentes para conocer sus capacidades; éstos interesados en demostrarlas, estarán más dispuestos y abiertos a suministrar este tipo de información?

¿ Al confrontar la información recibida de los potenciales oferentes con la disponible internamente, se podrá configurar un mejor tablero de control?

Una forma adecuada de analizar los indicadores de desempeño, es organizarlos de la siguiente manera:

Un tablero para analizar un indicador de desempeño en particular podría desarrollar el siguiente modelo:

Indicadores: Componentes

Área o función		Función en la Empresa responsable directa, por el indicador: El " doliente"
Nombre del indicador		Variable cualitativa o cuantitativa que muestra un evento y se compara con un valor potencial dentro de una tendencia histórica. Tasas relaciones, medidas para evaluar el desempeño de una actividad. Números no neutros. Sujetos de comparación
Indicador: Forma de cálculo		Expresión del indicador a través de una fórmula: Identificación exacta de los factores y la manera como se relacionan
Jerarquías		Individuos, equipos, divisiones, gerencias, vicepresidencias. Las jerarquías deben responder a un principio de agregación de indicadores
Perspectivas de interés		Universo de los grupos de interés que pueden manifestar su interés en conocer el comportamiento de los indicadores: Clientes; proveedores, competidores; reguladores; inversionistas; consumidores
Impacto corporativo		Impacto potencial en la Empresa, si no se alcanzan las metas previstas en el indicador. Como se podrán impactar las líneas de producción; los proyectos, las operaciones y por consiguiente las utilidades
Meta		Referente a alcanzar, el cual se determina siguiendo una base de cálculo, que puede ser determinada bajo consideraciones cualitativas (reunión de expertos, juicio, causa efecto, etc.) y/o cuantitativas (tendencias históricas, brechas, benchmarking referente, indicadores internacionales)
Frecuencia	Medición	Periodicidad de medición
	Seguimiento	Frecuencia del seguimiento
Proveedor del índice		Responsable por suministrar la información, sobre el comportamiento del indicador
Fuente de información		Sistema o herramienta de la cual se obtiene el índice
Comentarios		Observación particular a tener en cuenta sobre limitaciones o restricciones asociadas al indicador

Los indicadores desempeño deberían cumplir las siguientes condiciones:

Indicadores claves de desempeño - KPI's -

Precalificación y clasificación de proveedores y contratistas

¿Acentuar el esfuerzo para conocer a profundidad las capacidades, competencias, experiencia y desempeño de proveedores y contratistas de manera temprana, en el proceso de registro de proveedores, es una actividad que agrega valor en etapas posteriores?

146

La precalificación y clasificación de proveedores y contratistas permitirá:

¿Reducir información y documentación durante el proceso formal de solicitud de ofertas?
¿Diferenciar la documentación a solicitar según el cuadrante?
¿Solicitar aclaraciones con la debida anticipación?
¿Agilizar y simplificar las actividades transaccionales o administrativas, etc.?

Un adecuado conocimiento anticipado de las dimensiones y capacidad de respuesta de proveedores y contratistas, enriquecido con la retroalimentación de las evaluaciones de desempeño permitirá:

¿Identificar de manera confiable y oportuna "listas cortas" de potenciales oferentes idóneos?
¿Tomar decisiones en el caso de prórrogas de contratos?
¿Efectuar selecciones directas de proveedores y contratistas, en casos de emergencia?
¿La mayor o menor intensidad del grado de detalle de la precalificación y clasificación de proveedores, será función del cuadrante en el cual se ubique el bien o servicio requerido?

Pólizas de seguros y garantías

¿Siendo diferentes los riesgos que se corren con contratistas y proveedores de acuerdo con los bienes y servicios ubicados en cada cuadrante, no deberían diferenciarse las pólizas y garantías que se solicitan?
¿Los seguros y pólizas para el cuadrante de rutinarios deberían ser prácticamente inexistentes; especialmente cuando los procesos de identificación de potenciales oferentes se vuelven más exigentes?
¿El énfasis en la determinación de pólizas y seguros a solicitar debería colocarse en los cuadrantes de alto riesgo y eventualmente de alto valor?

¿ Los ahorros en términos de primas podrían ser sensibles, especialmente en aquellos casos del cuadrante de críticos, en los cuales un solo contratista puede tener suscritos varios contratos en una misma categoría o en categorías similares?

Retenciones contractuales

¿ Es claro que las retenciones contractuales surgieron en los contratos de obras públicas como un instrumento efectivo y expedito, para cubrir el reconocimiento de costos y compromisos incumplidos por el contratista?

¿ Qué los incumplimientos más frecuentes para surtir el documento de recibo final eran la cancelación de obligaciones laborales; rubros inacabados en obra o pendientes de reparación?

¿ Plantear estas mismas exigencias ante las compañías de seguros, no siempre recibía una solución satisfactoria y oportuna en el tiempo?

¿Se conoce que los porcentajes retenidos sobre las actas periódicas de obra, se establecían entre un 5 o 10 % para devolución a la terminación del contrato?

¿ Este mecanismo sería adecuado principalmente en contratos de obra ubicados en el cuadrante de alto impacto/riesgo y valor; en su defecto con contratistas con los cuales no se tiene experiencia previa?

¿ En otros contratos, especialmente de servicios, efectuar este tipo de retenciones no sería recomendable, porque los porcentajes a retener son muy próximos a los márgenes de utilidad, poniendo en riesgo la capacidad financiera de los contratistas?

¿ En el caso de los contratistas de obra, un plan de incentivos podría consistir en una devolución anticipada de la retención?

Penetración de los sondeos de mercado

¿ Cuándo se dispone tempranamente de un Plan de Compras y Contratación, los sondeos de mercado permiten penetrar los mercados para analizar las competencias y capacidades técnicas, económicas y financieras "entre otras" de una lista larga de potenciales oferentes y de acuerdo con sus respuestas, identificar una lista corta de oferentes idóneos para presentar ofertas?

¿El sondeo se convierte en una herramienta de tamizado de oferentes?

¿La materia prima para identificar las firmas sujetas al sondeo, proviene del registro de proveedores que utilice la Empresa, bien sea directo o contratado con terceros?

¿La tendencia indica que las empresas, se inclinan a tercerizar el registro, dada la existencia en el mercado de compañías que se han venido fortaleciendo en el desarrollo del registro, calificación y clasificación de contratistas y proveedores?

¿El sondeo de mercado tendrá mayor o menor penetración, dependiendo del cuadrante en el cual se encuentre el bien o servicio requerido?

¿El sondeo requiere algún tiempo para su realización, por consiguiente el criterio para hacerlo, será discrecional de acuerdo con lo comentado en el párrafo anterior?

¿Un sondeo bien realizado, contribuye a optimizar el proceso de solicitud de ofertas en la medida en que la carga administrativa será menor, cuando el número de oferentes invitados es reducido y no cuando sin proceso de tamizado, el número de ofertas recibidas es superior a cinco, cantidad estimada como saludable para asegurar pluralidad de ofertas?

¿Eliminar empresas como resultado del análisis de respuesta al e - mail de sondeo de mercado, evita las complicaciones contractuales que surgen cuando es necesario desechar oferentes durante el proceso formal de solicitud de ofertas?

¿Un oferente no satisfactorio, puede haber tomado el puesto de alguien que si reunía las características esperadas por la Empresa?

Necesidad de amoldar estrategias

Puede ser necesario ceñir las estrategias regulares de un determinado cuadrante, a las consideraciones particulares propias del entorno de la Empresa y de sus políticas y estrategias de creación de valor compartido y sostenibilidad a largo plazo para:

¿Optimizar la oferta regional de bienes y servicios?
¿Desarrollar mypimes?

¿ Preferir bienes y servicios que minimicen la contaminación y los residuos y al final de su ciclo de vida, puedan ser reciclados y reutilizados, para evitar un mayor consumo de recursos naturales, por ejemplo?

¿ Los criterios empresariales pueden significar ajustes estructurales en la estrategia, regularmente utilizada en un cuadrante específico?

Se puede decidir por principios corporativos, que en el cuadrante de rutinarios por ejemplo:

¿ Se dé prioridad a la contratación de población vulnerable?

¿ Se reconozcan puntajes adicionales en procesos de solicitudes de oferta a aquellos potenciales oferentes que así lo hagan o?

¿ A aquellos oferentes que den prioridad a la vinculación laboral de madres cabeza de familia?

Riesgos propios de la estrategia seleccionada y de la ejecución del contrato

Se efectúa un análisis temprano de riesgos y sus medidas de mitigación en dos instancias específicas:

¿ Al momento de elaborar la estrategia específica o?

¿ Previamente a la iniciación del contrato o suministro?

¿ Tendrán estos análisis mayor o menor penetración, dependiendo del cuadrante en el modelo de posición del aprovisionamiento?

¿ El calificar oportunamente los riesgos, permitirá su adecuada clasificación para concentrar esfuerzos en aquellos bienes y servicios del cuadrante de bienes o servicios críticos?

¿ Insertar este análisis al momento de elaborar una estrategia específica de abastecimiento, permite identificar los riesgos asociados a su implantación?

¿ Los riesgos considerados como parte integral del alcance de los servicios, permiten el recibo de mejores ofertas técnicas y en consecuencia mejores ofertas económicas?

¿ La revisión de los riesgos asociados a la ejecución del contrato y propios del contratista, debe ser un tema a tratar en la reunión de inicio del servicio o suministro?

Métodos de evaluación de ofertas

¿ Es recomendable evaluar la selección del método de evaluación de ofertas, en el contexto del modelo de posición del aprovisionamiento?

¿ El grado de penetración de la evaluación debe ser función de la valoración del bien o suministro de acuerdo con los niveles de riesgo, impacto y gasto?

¿En la medida en que estos niveles aumentan se esperaría que la evaluación sea más profunda?

¿ En el cuadrante de rutinarios, caracterizado por productos estándar con costos pequeños post - adquisición, se recomienda el enfoque de menor precio que demanda poco esfuerzo para su análisis?

¿ En el cuadrante de relevantes - de palanca - el menor costo total de propiedad es aplicable, cuando los costos post - adquisición son significativos; el ejercicio es complejo y requiere gran esfuerzo?

¿ En el cuadrante de restrictivos "cuello de botella" en el cual el costo no es un factor determinante comparado con otros factores, aplica la puntuación ponderada, en la cual los potenciales oferentes son calificados respecto a una serie de criterios que se ponderan, para reflejar su importancia relativa?

¿ En el cuadrante de críticos en el que el costo es importante, el juicio de valor debe ser la pauta de evaluación; éste compara los méritos de aspectos de las ofertas recibidas, distintos al costo?

¿ Este no actúa como un criterio en la ponderación misma?

¿ El costo puede ser o el valor de la oferta - moneda dura - o el costo total de propiedad?

Percepciones de proveedores y contratistas

¿ Al analizar las relaciones entre la Empresa y sus oferentes, proveedores y contratistas, se analizan las posibles posiciones de éstos últimos frente a aquella?

¿ Cuál puede ser el «apetito» o interés de éstos para mantener o no relaciones con la Empresa?

¿ En este caso el modelo de posición del abastecimiento, se desvanece para permitir un nuevo modelo de percepción del proveedor que combina valor del negocio vs, nivel de atractivo?

¿ Conocer cómo oferentes, contratistas y oferentes, perciben la relación comercial o contractual puede permitir anticipar las potenciales implicaciones sobre las estrategias de suministro?

¿ Exasperación: Se caracteriza porque el proveedor manifiesta baja prioridad y motivación?

¿ No hay potencial de desarrollo y la Empresa está en posición débil para negociar?

¿ Explotación: Un nivel alto de compras no incentiva al proveedor para mantener una relación a largo plazo?

¿ Podrá explotar a la Empresa, subiendo los precios?

¿ Desarrollo: En el cual el proveedor advierte como posible el desarrollo de una relación a largo plazo o desea asociarse con su Empresa y está dispuesto a invertir tiempo y esfuerzo en relaciones a largo plazo?

¿ Clave: El proveedor considera a la Empresa parte de su núcleo de negocio?

¿ Se percibe el esfuerzo de los proveedores para venderle a la Empresa y retener su negocio?

¿ Se expresa a través de alianzas?

Los términos anteriores se despliegan en la matriz siguiente:

Matriz de posicionamiento del proveedor

	Desarrollo	Clave
Alto	• El proveedor advierte posible desarrollo a largo plazo o desea asociarse con su Empresa • Dispuesto a invertir tiempo y esfuerzo en relaciones a largo plazo	• El proveedor considera a la Empresa parte de su núcleo de negocio • Esfuerzo de los proveedores para venderle y retener su negocio • Alianzas
	• El proveedor manifiesta baja prioridad y motivación • No hay potencial de desarrollo • La Empresa en posición débil de negociación	• Un nivel alto de compras no es suficiente incentivo para el proveedor para una relación a largo plazo • Podrá explotar a la Empresa, subiendo los precios
Bajo	**Exasperación**	**Explotación** **Alto**

Nivel de atractivo del proveedor hacia la Empresa (eje vertical)

Valor del negocio de la Empresa frente al proveedor (margen) (eje horizontal)

Bases de remuneración: Estructuras de costos

Nociones

Considerando sus roles y responsabilidades, las funciones de Abastecimiento y los clientes internos, se acercan con intereses aparentemente disimiles a las estructuras de costos, especialmente en los contratos de prestación de servicios.

El cliente interno se inclina preferentemente hacia las sumas globales fijas, buscando durante la gestión del contrato, aliviar sus cargas de trabajo en los procesos de validación de las cantidades recibidas de los servicios prestados y los pagos correspondientes.

La función de Abastecimiento por el contrario, al solicitar ofertas, indaga cuáles son los componentes de costos que permiten determinar el desglose de precios y tarifas de acuerdo con el tipo de servicio o suministro. Esta información busca facilitar por ejemplo, una comparación más equitativa de las ofertas y la eventual formulación de sensibilidades en costos, pero principalmente recopilar información válida que permita negociar en condiciones equitativas, cambios o ajustes de las condiciones comerciales generados por riesgos acaecidos durante la ejecución del contrato.

Los dos enfoques no son excluyentes, lo que sucede es que se plantean en secuencias y tiempos distintos del proceso de abastecimiento: La *solicitud de ofertas,* en la que el centro de gravedad reposa en la función de Abastecimiento y la *gestión de contratos* en manos de los gerentes de los contratos. La suma global fija por mencionar una de las modalidades, debe ser un punto de llegada, no un punto de partida.

Unos y otros deben familiarizarse con los criterios y conceptos asociados a la identificación y selección de las estructuras de costos más adecuadas, según las modalidades de contratación.

Distinto tipos de contratos se indican a continuación:

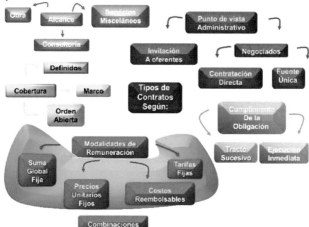

Contrato a Suma Global Fija o Precio Alzado

Entre las Partes se define un precio único y global para la realización del trabajo o la prestación del servicio. Aplica preferentemente cuando el alcance y la duración de los servicios se encuentran claramente definidos. Generalmente los pagos están vinculados a etapas específicas acordadas para las distintas entregas.

El contratista asume con ese precio único y global la ejecución del trabajo asumiendo materiales, transporte, herramientas y equipos, mano de obra, dirección técnica y administrativa y la utilidad. Los subcontratos y adquisición de materiales o insumos se realizan a nombre del contratista, por su cuenta y riesgo. En el caso de servicios el contratista asume principalmente los costos de personal, sus prestaciones sociales, costos indirectos o administrativos y la utilidad.

Decisiones

¿Se dispone de un alto grado de definición del proyecto?
¿Se requiere conocer con precisión, el costo desde el principio?
¿Se desea que el contratista asuma una mayor parte de los riesgos?
¿Se quiere dedicar mayor tiempo y esfuerzo al control de calidad y al programa de ejecución?
¿Se requiere menor control de la facturación?
¿Se dispone de planos, especificaciones técnicas o alcance de los servicios definidos, para evitar que los oferentes incrementen su oferta para cubrir las peores condiciones anticipadas o para especular sobre las incertidumbres?
¿Es consciente La Empresa de que su grado de influencia, en la manera como se ejecute el trabajo es mínimo?

Se tiene presente que, si algún factor externo afecta la estructura de la tarifa:

¿La negociación se torna dispendiosa por no conocer sus componentes?
¿Un impacto de reducción puede ser minimizado por parte del contratista?
¿Cuándo se trata del suministro de servicios, la contratación por suma global fija puede inducir al contratista a minimizar la calidad de los mismos?

Contrato a Precios Unitarios Fijos, por medida o Tarifas Fijas

Es necesario mencionarla como modalidad por excelencia en la contratación de obras civiles. Su difusión y reconocimiento hace que quienes se inician en la contratación o en la prestación de servicios y no están familiarizados con la mejor manera de remunerar los servicios, acudan a esta modalidad para establecer cómo se pagarán los servicios dentro de un contrato.

Los Precios Unitarios Fijos incluyen todos los costos directos e indirectos imputables a la correcta ejecución y entrega de la obra, debidamente terminada, de acuerdo con las especificaciones técnicas, planos, el plazo y las condiciones del Contrato. En particular incluyen los costos de todos los servicios, trabajos y suministros sin remuneración específica, en los documentos del Contrato.

Algunas consideraciones sobre esta modalidad son:

- Se pacta un precio por unidades o cantidades de obra o de servicios que deberán ejecutarse dependiendo de su volumen o cantidad.
- El contratista asume la responsabilidad del costo de los precios unitarios fijos pactados dentro de un rango de incremento o disminución del volumen o cantidad que se requiere, incluyendo en ellos los valores de la administración, imprevistos y utilidad «AIU».
- El contratista responde por el personal, los subcontratos y adquisición de materiales o insumos.

Conviene hacer una mención especial a la cláusula que en el contrato, establezca el valor del contrato. Dicha cláusula debe hacer referencia a las siguientes circunstancias específicas:

- El valor inicial del contrato, es el que resulta de multiplicar las cantidades inicialmente estimadas por los precios unitarios fijos acordados.

- El valor final del contrato, será el que resulte de multiplicar las cantidades realmente ejecutadas estimadas por los precios unitarios fijos acordados.

Se equivocan y desvirtúan la filosofía de este tipo de remuneración, quienes en estos contratos, fijan una suma tope como valor del contrato. Por su naturaleza el contrato tiene previsto un mecanismo para determinar su valor final. Una cosa diferente es que al momento de determinar internamente el presupuesto, éste se haya quedado corto. Deberán darse entonces las aprobaciones internas para lograr su ajuste, sin que esta condición afecte el contrato ni sea necesario efectuar un ajuste contractual, mediante un otrosí.

Decisiones

¿El trabajo tiene un bajo grado de definición?
¿Se dispone de poco tiempo para preparar las especificaciones técnicas o el alcance de los servicios?
¿Se cuenta con poco tiempo para evaluar las ofertas?
¿Se desea flexibilidad para variar en forma razonable, las cantidades de los distintos renglones?
¿Está dispuesta la Empresa a establecer el control necesario de las cantidades de obra o de los servicios?
¿Acepta La Empresa tener definición limitada, del valor final del contrato?

Contrato por Administración Delegada

Es una modalidad más propia del ámbito privado o incluso a título de persona natural; por ejemplo cuando un ciudadano desea contratar directamente un arquitecto quien será responsable por el diseño y construcción de su casa de campo.

En este contrato, el contratista, por cuenta y riesgo del contratante, se encarga de la ejecución del objeto del contrato. El contratista es el único responsable de los subcontratos que celebre.

Decisiones

¿ Se requiere una mayor población de contratistas?
¿ Se busca acelerar la ejecución del contrato?
¿ La información para suministrar a los oferentes es reducida?
¿ El conocer el costo al final del contrato es un riesgo aceptado?
¿ Está dispuesto el contratante a un máximo esfuerzo de control?

Contrato por costos reembolsables, tarifas fijas y honorarios

Es aquel utilizado para reconocer a un consultor, en el caso de servicios de consultoría, los costos contraídos como total y única remuneración, por ejecutar todos los servicios y asumir todas las obligaciones del contrato. Los dos primeros elementos, costos reembolsables y tarifas fijas, cubren los costos bajo el contrato y los gastos generales del consultor. El tercer elemento, honorarios cubre su utilidad en relación con la ejecución de trabajos bajo el contrato.

Los costos reembolsables serán solamente aquellos costos contraídos y efectivamente pagados por el consultor, con posterioridad al perfeccionamiento del contrato y directamente relacionados con la prestación de los servicios. Los costos que no estén claramente identificados en el contrato, como reembolsables, requieren la aprobación previa y por escrito de la empresa, antes de contraerlos para que éstos sean considerados como costos reembolsables.

Los costos reembolsables deberán estar debidamente sustentados con la documentación pertinente, tal como comprobantes, facturas, recibos, carátulas de tiquetes aéreos, contratos laborales, nóminas, etc. Las cifras que correspondan a cantidades tales como: Fotocopias, copias de planos, alquiler de vehículos, etc. tienen carácter estrictamente presupuestal y no autorizan al consultor para su facturación si no cuentan con la aprobación previa de la Empresa. Los costos reembolsables excluyen cualquier utilidad del consultor.

El mapa mental siguiente recoge algunas de las variables que deben tenerse en cuenta, al considerar la aplicación de costos reembolsables:

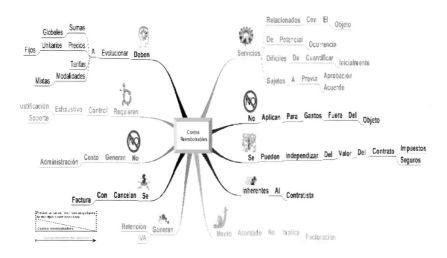

• Finalmente el factor de utilidad u honorarios se reconoce de acuerdo con los niveles propios de este tipo de actividad. Eventualmente se consideran otros componentes de costo, como subcontratos que no implican imprevistos para el consultor.

• En este tipo de remuneración, los mecanismos de reajuste son sencillos de plantear y fáciles de aplicar.

Decisiones

¿Se reconoce la valoración de los gastos generales de administración, propios de cada consultor?

¿Se reconocen bandas salariales para los empleados técnicos del consultor para ciclos anuales. Dentro de dichas bandas, el consultor de acuerdo con el comportamiento de mercado puede reconocer a sus empleados técnicos, salarios diferenciales dependiendo de su experiencia, competencias y desempeño?

¿Conocidos en detalle los desgloses de la oferta comercial, es posible negociar una suma global fija, equitativa para las Partes?

¿Los elementos están lo suficientemente desagregados de tal manera, que si surge un factor externo que afecta uno de los componentes, éste puede ser revisado o negociado de manera independiente, sin afectar los componentes restantes?

¿Se desea desarrollar el contrato a medida que se vaya definiendo el alcance de un servicio específico?

¿Es conveniente controlar un proyecto mediante la asignación de horas - hombre?

¿Se busca una terminación anticipada, iniciando los servicios con poco detalle en la fase inicial?

¿Es necesario disponer de un detallado desglose de centros de costos, no sólo para lograr un mejor control de la inversión, sino para reajustar o renegociar solamente aquellos rubros susceptibles de ajuste y no todos los costos del contrato?

¿Se acepta que en no pocos procesos de selección, se advierte por parte de los consultores un desconocimiento genérico de sistemas de remuneración, no solo de éste, sino también de sistemas convencionales?

¿En los acercamientos a este tipo de modelos, los consultores tienden a expresar su incomodidad y disgusto por tener que suministrar información que consideran de alguna manera confidencial; por ejemplo salarios del personal?

¿Puede significar para algunos consultores adoptar un nuevo sistema de remuneración, sin que necesariamente abandonen su sistema convencional?

Contrato por factor multiplicador

En este tipo de contratos la estructura de costos utilizada cada vez con menos frecuencia, preferentemente en los servicios de consultoría y gestión o administración de contratos, corresponde al reembolso de los costos de personal vinculado directamente a la prestación de los servicios, afectados por un factor multiplicador, Esta modalidad es apropiada cuando resulta difícil definir o fijar el alcance y la duración de los servicios. Generalmente se utiliza para estudios complejos.

El factor multiplicador se aplica sobre los sueldos pagados por el consultor al personal directamente vinculado a los servicios, según las diversas categorías de personal. El factor permite recuperar los costos por concepto de:

- Prestaciones sociales legales y los costos laborales.
- Gastos generales de administración o costos indirectos del consultor, propios de su operación regular que comprenden los gastos y costos de operar como un todo y que tienen que ser atendidos en todo momento para ofrecer a la empresa contratante, la disponibilidad de los servicios.
- Los honorarios o utilidad, como total y única remuneración al consultor por sus conocimientos, experiencia, riesgos, responsabilidad y disponibilidad que pone al servicio del contratante.

Decisiones

¿Es complicado el análisis específico y el impacto en el multiplicador, de componentes, como por ejemplo los gastos generales de administración o costos indirectos del consultor?
¿Se busca un desglose lógico de los componentes de remuneración de los servicios?
¿Se cuenta con manuales claros que faciliten su conocimiento y aplicación?
¿Se facilita la normalización de las ofertas y por ende su comparación?
¿Se dificultan las negociaciones sobre el monto del multiplicador?

Desde cuatro percepciones distintas se efectúa a continuación, la comparación de distintas modalidades de remuneración:

Comparación de modalidades de remuneración				
Modalidad de remuneración	Control del cliente	Definición requerida	Riesgo del contratista	Motivación del contratista
	Mínimo	Máxima	Alto	Alta
Llave en mano Suma global fija Precios unitarios fijos Costos reembolsables				
	Máximo	Mínima	Bajo	Baja

En el siguiente esquema se observa como la descripción y el grado de desarrollo del alcance de los servicios o de la especificación técnica, influyen en la selección de la modalidad de remuneración a utilizar; iniciando desde la de costos reembolsables en la que un contrato puede perfeccionarse, sin concluir la definición o grado de desarrollo mencionados, hasta la de suma global fija en la cual solo se debería proceder a solicitar ofertas cuando se disponga de planos, especificaciones técnicas o descripciones de servicios muy completos que no dejen espacio para vacíos, faltantes o similares que el oferente interpretará a su favor y lo traducirá en mayores costos.

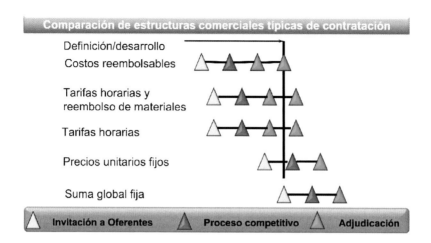

Administración, imprevistos y utilidad

La modalidad de Precios Unitarios Fijos se caracteriza por la utilización plena del concepto de Administración, Imprevistos y Utilidad «AIU» aplicable a los costos directos que son aquellos correspondientes a la suma de materiales, mano de obra, equipos y subproductos necesarios para la realización de la obra, de acuerdo con las especificaciones técnicas y planos. Entendidos estos últimos, como "la descripción detallada de características y condiciones mínimas de calidad que debe reunir cada rubro de la obra".

Los costos directos consideran las características propias del entorno de la obra; las necesidades y condiciones del contratista; las condiciones físicas del sitio de la obra; la estrategia de construcción que aplicará el contratista, teniendo en cuenta su competencia.

Administración

La administración en un contrato de construcción es la relación porcentual entre los costos directos y los indirectos. Los costos indirectos comprenden los gastos y costos técnico - administrativos del contratista, necesarios para la correcta ejecución de la obra.

Una buena práctica en la contratación de obra pública que con el tiempo ha disminuido su rigor o severidad ha sido el cálculo del componente de administración, dentro del factor del AIU. Las entidades del estado responsables por la contratación de obras de infraestructura, solicitaba el cálculo específico del peso porcentual de dicho factor, como la relación entre los gastos administrativos y los costos directos, considerando las condiciones particulares de la obra tales como ubicación, condiciones geográficas del sitio de la obra, características de la infraestructura de acceso, calidades de la mano de obra local, entre otras. Por consiguiente el factor sería diferente dependiendo de las condiciones particulares de cada obra.

En la actualidad los oferentes no suelen presentar este cálculo y se han acostumbrado a presentar un mismo porcentaje de AIU, sin diferenciarlos por el tipo de obra.

Es como si la tarifa de transporte por tonelada - kilómetro fuera la misma, independientemente de que se trate de terreno plano, ondulado o montañoso lo que implica mayores o menores consumos de combustible a igual que tiempos de desplazamiento, por mencionar solo dos factores.

Imprevistos

Los imprevistos son aquellos eventos fortuitos que ocurren cuando sucede algo inesperado y costoso, cuya naturaleza no es previsible y que no se pueden valorar con certeza. Se puede interpretar como el costo de los riesgos calculados y asumidos, cuando ocurren los correspondientes siniestros.

Podrían analizarse según sus variaciones de origen:
• Interno. De todas maneras hubiesen ocurrido, sin importar dónde y cuándo se ejecute la obra o proyecto.
• Externo. Dependen de las circunstancias de tiempo y lugar de ocurrencia de la obra o proyecto.

Contingencias imprevistas de fuerza mayor o caso fortuito:
• Naturales:
  ➢ Terremotos.

- ➢ Maremotos.
- ➢ Inundaciones.
- ➢ Rayos y sus consecuencias.
- Económicas:
  - ➢ Cambio o implantación de nuevas prestaciones sociales.
  - ➢ Cargas impositivas y devaluaciones.
- Humanas:
  - ➢ Guerra.
  - ➢ Motines.
  - ➢ Incendios.
  - ➢ Explosiones.

Contingencias imprevistas por hechos de terceros:
- Huelgas.
- Paros.
- Ataques de la guerrilla.
- Restricción de jornadas laborales.

Regularmente los temas anteriores están cubiertos contractualmente bajos los términos de fuerza mayor o caso fortuito y como tal cada parte contratante asume sus costos. En esa medida no se incluyen en los imprevistos.

Contingencias imprevistas:
- Naturales:
  Prolongación de la temporada de lluvias.
- Humana:
  Defectos de información:
  - ➢ Información defectuosa, inducida por especificaciones y planos confusos, inconsistentes, incompletos o errados.
  - ➢ Información faltante, detalles o definición en documentos, que hacen que se omitan actividades completas.
  - ➢ Deficiente estructuración, en las bases o listas para elaborar los presupuestos
  - ➢ Errores en las cantidades de obra.
  - ➢ Omisión de rubros de pago.
  - ➢ Desconocimiento del ambiente de ejecución y de la zona en la cual se desarrolla la obra.

➢ Incompetencia técnica, falta de familiaridad y conocimiento técnico en relación con las tareas a desarrollar.
➢ Errores en estimación de rendimientos.
➢ Diferencias de interpretación sobre el alcance.
➢ Desconocimiento de los programas de construcción.

Contingencias por negligencia:
• Operaciones matemáticas erradas.
• Medición errónea de cantidades de obra.
• Uso inadecuado de los precios, ya sea por no tener información actualizada o por no tener en cuenta el momento de ejecución real del trabajo.
• Deficiencias en la modelación de actividades, errando en las cantidades, al estimar por ejemplo incorrectamente los desperdicios y las pérdidas que ocurren en la obra.
• Contabilización doble de la misma actividad, por deficiencias en la interpretación de la especificación.

Contingencias por defectos en los sistemas de control:
• Pérdidas por robos, almacenamiento inadecuado.
• Localización inadecuada de los centros de acopio.
• Organización inadecuada de las cuadrillas de construcción.
• Falta de supervisión en la ejecución de los trabajos.
• Demoras en la adquisición de los materiales.
• Demoras en la ejecución, coordinación.

Contingencias por variaciones en el alcance del trabajo:
• Incremento en la cantidad contratada, manejándolo erradamente como obra adicional
• Inclusión de obras o servicios no previstos.
• Cambio de especificaciones, bien sea de los insumos o de la calidad final del trabajo
• Eliminación de trabajos cuyo efecto puede significar lesión en las apropiaciones de los costos de administración.
• Prolongación del términos de ejecución, lo cual representa un incremento en los costos indirectos.
• Dilación en la fecha de iniciación prevista de la obra.

Los imprevistos según modalidades de remuneración

Contratos de obra:

Un tratamiento del concepto de imprevistos, sería tratar de determinar para cada tipo de obra o proyecto « según tamaño y riesgo», una tendencia en el comportamiento del nivel de imprevistos. Esto sería posible, apoyándose por ejemplo en los estudios comparativos de distintas ofertas, no solo de las de los ganadores, sino de la totalidad de las recibidas durante los últimos años. Estadísticamente sería factible establecer un rango de variación del porcentaje de imprevistos, y utilizarlo como mecanismo para negociar los imprevistos, buscando normalizar este componente.

Contratos de consultoría:

El concepto de imprevistos prácticamente no opera o aplica en la modalidad de remuneración de servicios de consultoría, por las siguientes razones:

- En la medida en que se establece un rango de salarios para cada clasificación aplicable para un período determinado, el consultor tiene flexibilidad para ubicar su personal en estos rangos. No hay imprevistos en este componente.
- El componente de prestaciones sociales determinado por ley, no implica imprevistos. Y en caso de ajuste, el contrato debe prever el cambio correspondiente.
- El factor de gastos generales o de administración, o indirectos corresponde a un cálculo del ejercicio anual inmediatamente anterior a la negociación, susceptible de revisión a través de un ejercicio de auditoría. Normalmente se negocia anualmente. Si existiera riesgo de variaciones en los elementos utilizados para calcular el factor, el imprevisto se mitigaría con revisiones más cercanas, trimestralmente por ejemplo.

Finalmente el factor de utilidad u honorarios, se reconoce de acuerdo con los niveles propios de este tipo de actividad. Otros factores como subcontratos y costos reembolsables no implican imprevistos para el consultor.

Contratos de servicios misceláneos:

En estos contratos, no existe una tradición en materia de referencias académicas, o libros que toquen el tema. Esta carencia, ha obligado a quienes prestan este tipo de servicios a tomar en préstamo, esquemas de remuneración de otras actividades e importarlos, sin tomarse el trabajo de acomodarlos a las condiciones propias de cada tipo de servicios.

La figura frecuentemente utilizada es la de AIU, expresada como un porcentaje integral sobre los costos directos, que no se apoya en ningún tipo de análisis o desglose. No se caracterizan este tipo de contratos por estar sujetos a imprevistos o contingencias de grandes proporciones, como ocurre por ejemplo en los contratos de construcción.

Aquí si existiría un espacio propicio para buscar la eliminación del concepto de imprevistos, logrando ahorros de alguna cuantía. Debería migrarse en lo posible, a una estructura de costos, similar a la prevista para los contratos de consultoría.

A manera de cierre del tema, es interesante plantear algunas reflexiones o situaciones hipotéticas, que dan una idea de la complejidad de gestionar correctamente este concepto:

* Cuando al cierre de un contrato no se presentaron imprevistos o su ocurrencia en términos económicos es inferior al valor ofertado por el contratista, no se ha visto que éste ofrezca reembolsar los valores correspondientes a la porción de los imprevistos no acaecidos. En otras palabras al no ocurrir el imprevisto, los valores correspondientes se convierten en utilidad adicional a la prevista en la oferta.
* Cuando el contratista presenta un reclamo a consideración de la Empresa no se le argumenta que el valor estimado de dicha

reclamación, debe reducirse en la suma estimada como imprevistos. como punto de partida para iniciar una negociación.

* Recientemente se observa un comportamiento preocupante que viene haciendo carrera por parte de los entes de control, que pretenden que los contratistas devuelvan a la empresa contratante los dineros estimados como imprevistos, si éstos no ocurrieron o van más allá como en el caso del Comité de Orientación y Seguimiento en la Contratación del Municipio de Medellín que plantea que en adelante no considerarán los imprevistos dentro del proceso de contratación de obras. Se desconoce que procesos y en mayor grado los de construcción, llevan implícitos un cierto nivel de incertidumbre que conviene evaluar previamente reservando recursos, para que en caso de presentarse se pueda maniobrar fácilmente.

Utilidad

La utilidad se considera como un factor tasado sobre los costos directos que garantiza el retorno sobre la inversión del contratista, medida en forma de utilidad monetaria dentro de los parámetros normalmente aceptados según el tipo actividad comercial.

En otras palabras corresponde al pago o compensación que el contratista debe recibir por sus conocimientos, experiencia, inversión, productividad, responsabilidad y disponibilidad que pone al servicio del contratante.

Estrategias

Nociones

Una vez articulado el modelo de posición del Abastecimiento, se cuenta con una identificación adecuada de los suministros y servicios críticos " alto riesgo, impacto y oportunidad vs, alto costo" para los cuales será necesario documentar, formular e implementar las estrategias de abastecimiento que establezcan y exploren las condiciones favorables para capturar valor y alcanzar los objetivos y metas específicos de aprovisionamiento, mediante un plan de acción integral y amplio que permita un suministro costo eficiente, desde el principio hasta el final del proceso, asegurando entre otros: Niveles de calidad e innovación, continuidad del suministro, plazos de entrega, servicio y capacidad de respuesta del proveedor.

Es necesario un entendimiento a profundidad de la situación actual de una categoría, analizando por ejemplo:

- El gasto histórico.
- Los consumos.
- Las tendencias tecnológicas.
- El comportamiento y respuesta del mercado.
- El perfil y caracterización de los proveedores y contratistas actuales y potenciales.
- Balance entre el poder del proveedor o contratista y el de la Empresa.
- Identificar palancas de abastecimiento.
- Establecer costos por cambio de proveedor.
- Identificar estructuras de costos y/o variables económicas que pueden afectar los precios y tarifas ofertados.
- Resultados positivos y negativos de la estrategia anterior.

Es aquí donde el talento humano con competencias y destrezas en abastecimiento, está llamado a agregar valor si está en capacidad de:

- Entender la demanda de la Empresa y agregarla cuando sea apropiado para maximizar el poder del comprador.
- Enfocar esfuerzos en las áreas más representativas del gasto.
- Entender el mercado externo y las estructuras de balance de poder.
- Conocer la estacionalidad de ciertos servicios o suministros.
- Mantener transparencia de costos.
- Entender las relaciones de la Empresa con el mercado.
- Explotar aéreas donde la Empresa es un comprador atractivo.
- Mitigar la posición de la Empresa, cuando el vendedor domina.
- Articular adecuadas estrategias y efectivos procesos de negociación.
- Aplicar herramientas y metodologías de prospección de la demanda.
- Implantar el análisis del costo total evaluado.
- Seleccionar el estilo apropiado de relación entre la Empresa y sus proveedores y contratistas.

La familiarización del personal de abastecimiento con una adecuada guía metodológica para la elaboración de estrategias de abastecimiento, con énfasis en bienes o servicios críticos, será decisiva para dar cumplimiento a los objetivos de suministro y, a través de éstos, contribuir a lograr la estrategia corporativa de la Empresa.

La estrategia busca capturar valor de acuerdo con las metas y objetivos de aprovisionamiento; la complejidad del mercado; el balance entre el poder del proveedor o contratista y el de la Empresa, entre otros.

Las fases para estructurar una estrategia se observan en la gráfica siguiente:

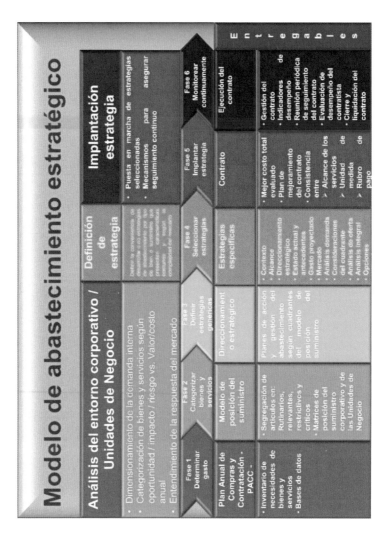

Se recomienda analizar las fuerzas del mercado, según el diamante de Michael Porter que se recuerda a continuación, para validar si el mercado es favorable a la Empresa o a sus proveedores y contratistas:

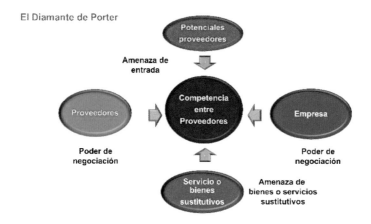

El Diamante de Porter

La analogía al Diamante de Porter busca:

- Interpretar el entorno como un paso necesario hacia la realidad que rodea a la Empresa.
- Comprender mejor lo que sucede, más allá de los límites de la Empresa.
- Enfoque como percepción no como diagnóstico.
- Cualquiera que sea la ubicación del analista "función de Abastecimiento, cliente interno, contratista o proveedor" el modelo es generador de ideas y permite la formulación de preguntas apropiadas.
- Atractivo para comprender la lógica de las categorías.

Esta analogía se despliega a continuación:

Analogía al diamante de Porter

Desarrollos potenciales de esta analogía, se indican a renglón seguido contrastando el punto de partida y lo que debería ser su desarrollo exitoso:

Condiciones de la estrategia de la empresa y naturaleza de la rivalidad	
Punto de partida	Desarrollo exitoso
• Desconocimiento o entendimiento limitado de las oportunidades de agregación/sinergia en la gestión de la demanda dela Empresa; no necesariamente relaciones de competencia • Horizontes de planeación muy cortos. • Barreras arancelarias. • Gestión centralizada del Abastecimiento. • Respaldo indirecto tercerizado de la gestión de compras y contratación. • Estructura rígida y poca flexibilidad en los niveles de aprobación de transacciones.	• Gestión centralizada estratégicamente y descentralizada tácticamente. • Sectores estratégicos o dominios por categoría, desarrollando tareas cotidianas respaldados por una función de excelencia funcional a mediano y largo plazo • Esquemas concertados de comercio exterior. • Acreditación de proveedores y contratistas en la cadena de Abastecimiento. • Eficiencia y eficacia en la gestión de aprobaciones y cumplimiento de obligaciones comerciales • "Benchmarking" para conocer mejores prácticas y utilizar como punto de partida para innovar

Condiciones de la demanda	
Punto de partida	**Desarrollo exitoso**

• Impacto por inflación.
• Más empresas solicitando los mismos servicios.
• Mayores ciclos de entrega.
• Ambientes enrarecidos para negociar prórrogas de contratos.
• Altibajos en la gestión del desempeño de contratistas y proveedores que causan pérdida de valor.
	• Oportuno trámite en la gestión y aprobación de proyectos. Planeación temprana.
	• Colocación oportuna de órdenes de compra y contratos.
	• Mejor control de inventarios:
	   ➢ Catalogación.
	   ➢ Herramientas como RFID/ código de barras.
	• Profundizar en la adecuada proyección de inflación y contexto de mercados sectoriales.
	• Atemperar adecuadamente la necesidad de asegurar los suministros y servicios contra el riesgo de contratar en el tope del ciclo de precios.
	• Balancear compras a corto plazo, con compromisos de proyectos a mediano plazo y alianzas a largo plazo.
	• Estrategias enfocadas en mejorar y sostener el desempeño de contratistas y proveedores.

Condiciones de la oferta	
Punto de partida	**Desarrollo exitoso**
• Altibajos en el desempeño de proveedores y contratistas que causan pérdida de valor. • Prácticas oportunistas de proveedores/ contratistas. • Limitada habilidad para desentrañar la fortaleza de proveedores y contratistas en su sector; el proveedor o contratista poderoso se apropia de una buena parte de un sector.	• Enfocar recursos y esfuerzos en aquellos proveedores y contratistas que representan los mayores riesgos o las mayores oportunidades de agregar valor al negocio. • Sectores con recursos adecuados "directos o indirectos" que cuenten con las destrezas y experiencias requeridas según disciplinas estratégicas.

175

• Carteles dividen el mercado. • Rivalidades entre proveedores.	• Indicadores de desempeño objetivos, debidamente identificados desde la estructuración del alcance de los servicios, con la participación de los clientes; normalizados por sectores particulares. • Reuniones trimestrales de desempeño, como una herramienta cotidiana para discutir desempeño. • Procesos formales de entrenamiento y capacitación tanto del personal de contratación como del de clientes internos. • Nuevas estructuras de costos. • Definición temprana de los alcances de los servicios o especificaciones técnicas. • Mapa de contratación. • Proyectos de agregación de suministros y servicios.

Condiciones de factor	
Punto de partida	**Desarrollo exitoso**
• Escaso talento humano con competencias en compras y contratación. • Herramientas colaborativas aisladas o de cobertura limitada. • Esfuerzos aislados o limitados de sinergia a nivel de segmento o de categoría. • Procesos, condiciones, mecanismos y documentación poco claros para seleccionar contratistas y para gestionar contratos. • Limitada evaluación de desempeño de proveedores y contratistas.	• Fortalecer planeación de la selección de contratistas y proveedores a mediano y largo plazo «mapa de contratación». • Plataforma informática integrada de herramientas colaborativas. • Personal profesional debidamente acreditado. • Procesos asegurados bajo enfoque de mejoramiento. • Evaluaciones integrales de desempeño en marcha.

Decisiones

¿ Se identifican las variables más importantes de la categoría y su alcance?

¿ Se segmenta el gasto para analizarlo en función del mercado, no de la demanda interna?

¿ Se hace una exploración exhaustiva del gasto con el propósito de articular mejor el proceso de abastecimiento?

Se obtiene información detallada del mercado mediante:

¿Sondeos de mercado?
¿Rondas de negocio o de relacionamiento?
¿Experiencia del personal de Abastecimiento?
¿Referenciación comparativa?
¿Sistemas y herramientas tecnológicas?
¿Técnica Delphi?

Se determina el perfil del mercado y de proveedores y contratistas, considerando por ejemplo:

¿Tamaño?
¿Crecimiento?
¿Capacidad?
¿Segmentos?
¿Tendencias?
¿Poder de negociación?
¿Oportunidades de crecimiento mutuo?

Se identifican las características de una categoría para:

¿Enfocar esfuerzos en aquellos cuadrantes del modelo de posición del aprovisionamiento, en los cuales el gasto es más representativo?

¿ Identificar oportunidades de mejora en el proceso de Abastecimiento?

¿Formular hipótesis para generar estrategias?

¿Se diagnostican las oportunidades y amenazas que enfrenta el mercado?

¿Se dispone de información suficiente para conformar «listas largas» de potenciales oferentes?

Se cuenta con una guía metodológica, para elaborar estrategias que contemple:

¿Objetivo?
¿Contexto?
¿Alcance?
¿Estado actual y antecedentes?
¿Gasto proyectado?
¿Definiciones?
¿Justificación?

Análisis del mercado:
¿Análisis de la demanda?
¿Consideraciones del cuadrante seleccionado?
¿Análisis de la oferta?
¿Análisis integral del mercado y conclusiones?

Oferta estratégica:
¿Otras opciones estratégicas a considerar?
¿Identificación de riesgos asociados a la estrategia propuesta y su mitigación?
¿Tecnología e innovación?
¿Equipo para desarrollo de la estrategia?

Solicitud de contratación

Nociones

Una solicitud de contratación es un requerimiento a la función de Abastecimiento con el fin de adquirir bienes o contratar servicios.

Una solicitud de contratación no es una orden de compra o un contrato y por consiguiente nunca debe utilizarse directamente para para comprar bienes o contratar servicios.

Tampoco debe ser usada como autorización de pago de una factura proveniente de un proveedor de bienes o servicios.

Abastecimiento puede poner en riesgo un proceso ver comprometida su imagen, cuando inicia un proceso de contratación o compras con una solicitud incompleta, extemporánea o inexistente. Las causas asociadas a estas circunstancias pueden ser:

• Desconocimiento de los roles que endosan o aprueban una solicitud.
• No disponibilidad de centro de costos.
• Solicitudes tardías frente a fechas estimadas de iniciación de los servicios o del suministro
• Alcances de los servicios inexistentes o incompletos.
• Presupuestos estructurados de manera diferente a las estructuras de costos seleccionadas.
• Fijación optimista   de fechas de iniciación de los servicios/suministro.

Estas debilidades o inconsistencias impiden:

- Dimensionar adecuadamente los recursos requeridos y los volúmenes a contratar/comprar.
- Identificar correctamente potenciales proveedores / contratistas con base en las capacidades de contratación.
- Obtener aprobación de las solicitudes dentro de los adecuados niveles de delegación.
- Disponer de adecuadas reservas presupuestales.
- Contar con bases sólidas para adelantar tempranamente un proceso sólido y confiable.
- Ordenar adecuadamente el proceso.

El documento debe identificar una necesidad específica de contratación o compra y suministrar la información primaria necesaria para iniciar el proceso mismo de contratación.

El cliente interno es responsable por su diligenciamiento completo y oportuno.

El mapa mental siguiente indica la información básica que debe incluir una solicitud de contratación:

La siguiente tabla puede servir de referencia para estructurar los tópicos a verificar en la prestación de un servicio. Guardadas proporciones una similar, podría diseñarse en el caso de obras:

Iván Pinzón Amaya

Lista para verificar la descripción de los servicios	
Tópico	Sí aplica o no
1. Descripción general de los servicios.	
2. Alcance de los servicios.	
3. Descripción específica de los servicios.	
4. Forma de pago.	
5. Servicios y equipos suministrados por la Empresa o por terceros.	
6. Instalaciones y servicios temporales.	
7. Cronograma de ejecución del desarrollo de los servicios.	
8. Identificación de informes requeridos.	
9. Indicadores de desempeño y forma de medición.	
10. Otros.	
Observaciones:	

1. Descripción general de los servicios

1.1. El contratista deberá suministrar:

Personal.	
Supervisión.	
Vehículos.	
Suministros.	
Instalaciones.	
Otros – especificar.	

1.2. y todos y cada uno de los rubros necesarios para:

Vigilancia.	
Transporte terrestre.	
Transporte aéreo.	
Adquisición de bienes.	
Aseo, limpieza y cafetería.	
Apoyo y sustento comunitario.	
Inspección.	
Otros – especificar.	

2. Alcance de los servicios

2.1. Personal necesario

Cantidad de personal	Requisitos mínimos

2.2. Área donde se desarrollarán los servicios

Lugar	Dirección

2.3. Cronograma de ejecución

Horarios	Turnos	Rutas

2.4. Equipos y vehículos

Equipo	Detalle	Vehículo	Detalle

2.5. Suministros

Suministro	Cantidad	Detalle
Uniformes.		
Accesorios de seguridad.		
Otros.		

3. Plazos

Fecha inicio.	
Entrega parcial 1.	
Entrega parcial 2.	
Entrega parcial 3.	
Entrega parcial 4.	
Fecha terminación.	

4. Forma de pago

Anticipo (Sí/No)	Porcentaje	Mecanismo de amortización

5- Servicios y equipos suministrados por La Empresa o por terceros

6. Instalaciones y servicios temporales

5.1. Suministrados por el contratista

Lista Indicativa.

Rubro	Detalle	Fecha
Edificaciones temporales – campamentos.		
Combustibles y lubricantes.		
Medios de transporte dentro y fuera del sitio de los servicios.		

Herramientas menores.		
Iluminación provisional.		
Servicios de limpieza y aseo para las instalaciones del contratista.		
Vivienda, alimentación y demás servicios de sustento y apoyo no suministrados por la Empresa.		

5.2. Suministrados la Empresa o por terceros

Instalaciones	Detalle	Fecha
Áreas de parqueadero.		
Áreas para la construcción de instalaciones temporales.		

Servicios	Detalle	Fecha
Agua potable.		
Transporte aéreo.		

7. Cronograma de prestación de los servicios

El CONTRATISTA deberá iniciar la ejecución de los servicios el _____ (_ _) de _____ de 20_ _ (____) y terminarlos a más tardar el _____ (_ _) de ___ (____) de 20 (___)

El contratista deberá iniciar los servicios en el sitio de los servicios, dentro de los _____ (_ _) días calendario, contados a partir de la fecha de la comunicación que autorice la indicación del CONTRATO y terminarlos a más tardar el _____ (_ _) de _____ 20(____).

8. identificación de informes requeridos

Rubro	Detalle	Fecha
Informes mensuales.		
Facturas.		
Informes de seguridad industrial.		
Actas reunión semanal de seguridad.		
Actas reunión mensual de seguridad.		
Informes especiales.		
Accidentes de trabajo.		
Otros.		

9. indicadores de desempeño y forma de medición

10. Otros

Observaciones:

El siguiente es un resumen de los símbolos estándar, utilizados en los diagramas de flujo de responsabilidades que se presentarán para visualizar algunos de los procedimientos que se describirán en adelante:

El ciclo de contratación se esquematiza así:

Decisiones

La solicitud cubre la siguiente información:

¿Descripción general del trabajo?
¿Especificaciones técnicas, planos o el alcance de los servicios?
¿Descripción específica del trabajo?
¿Presupuesto de la obra o de los servicios?
¿Criterios para la evaluación de las ofertas técnicas?
¿Detalle de los materiales, equipos o servicios a ser suministrados por la Empresa o por otros?
¿Indicadores de desempeño, especialmente en los contratos de prestación de servicios?
¿Construcciones, instalaciones y servicios temporales?
¿Programa de ejecución y desarrollo del trabajo?
¿Identificación de informes requeridos?
¿Formulario de cantidades y precios?
¿Disposiciones sobre medida y pago?
¿Se lleva un registro y control de las solicitudes? ¿Las solicitudes incluyen los anexos?

Plan específico para contratar una necesidad

Nociones

Las estrategias como se observó en la parte pertinente, se desarrollan con perspectivas muy amplias por categorías o sectores de bienes y servicios y permiten documentar el pensamiento estratégico para:

- Formular la manera como se pretende lograr los objetivos y metas de abastecimiento.
- Asegurar un alineamiento de Abastecimiento con el enfoque estratégico de la Empresa.
- Maximizar el valor de la empresa.

El plan específico para contratar una necesidad debe utilizarse para identificar las características propias de cada servicio o suministro en términos de alcance de los servicios, plazo, presupuesto, modalidad y asignación de recursos de las partes contratantes.

Debe desarrollarse para la contratación de aquellos suministros o servicios que por su complejidad, estrategia o valor, lo justifiquen.

Su filosofía es organizar y dirigir la selección de un contratista que preste un servicio o de un proveedor que suministre un bien.

Este documento debe ser de uso interno en la Empresa.

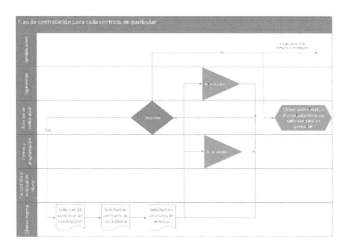

Actividades previas al perfeccionamiento del contrato					
Contrato No:			Descripción:		
Responsable:			Fecha de revisión:		
No	Descripción	Fecha programada	Fecha real de ejecución	Pronóstico	Observaciones	%
Comentarios:					

Decisiones

El Plan ha cubierto por lo menos los siguientes tópicos:

¿Descripción del tipo y alcance de los servicios suministros?
¿Compromisos que adquirirá el contratista en desarrollo del contrato?
¿Costos y gastos que serán por cuenta del contratista?
¿El tipo o modalidad de remuneración?
¿Qué criterios aplicarán para el reajuste del contrato?
¿Coeficientes e índices a utilizar en la fórmula de reajuste?

¿Criterios, procedimientos, fuentes de información para conformar la lista potencial «larga» de oferentes?

¿Documentos que contienen la información relacionada con la elaboración del plan?

¿Definición de los aspectos que serán considerados en la validación de las exigencias jurídicas y la evaluación de las ofertas técnica y económica?

¿Identificación clara de los servicios que serán suministrados por la Empresa?

¿Programación de las actividades previas a la celebración del contrato?

¿Presupuesto inicial estimado?

¿La duración del contrato?

¿Si será o no prorrogable?

¿Los períodos de prórroga?

¿Fechas tentativas de iniciación del contrato?

¿Licencias, permisos, autorización?

Registro de proponentes y «listas largas» de potenciales oferentes

Nociones

El instrumento más práctico y confiable para alistar, gestionar y mantener una base de datos de potenciales oferentes, es contar con un registro de proponentes.

Los registros de contratistas fueron creados, con una estructura básica de procedimientos y documentación exigente, con el propósito de:

• Utilizarse como fuente primaria para selección de proponentes calificados en los campos de construcción, consultoría y servicios misceláneos.

• Identificar la solidez en materia de organización, capacidad técnica y financiera de las empresas.

• Calificar y clasificar proponentes; conocer su capacidad de contratación.

• Registrar el desempeño de los contratistas.

La contratación administrativa en Colombia, privatizó el manejo del registro de proveedores, buscando que el país contara efectivamente con un registro único de proponentes.

Se disminuyen así los costos de transacción a que deben someterse los particulares que presentan ofertas al Estado, al reducir toda la tramitología que en un principio requería su inscripción ante distintas agencias públicas. El registro se maneja a través de las Cámaras de Comercio.

El sector privado contrata en un buen número, el registro de proveedores con terceros que cuentan con la experiencia, idoneidad, transparencia y talento humano requeridos para prestar este tipo de servicio. Se liberan así en las empresas, recursos que pueden reorientarse al proceso de articular la evaluación de desempeño de contratistas y proveedores.

La información resultante de este último proceso, se incorpora también en el registro, cerrando así el ciclo de calidad.

Tanto en el sector público como en el privado se busca que el registro sea una herramienta dinámica que permita el auto registro de proveedores cuya información debe ser verificada y consolidada para identificar de manera temprana, una "lista larga" de potenciales oferentes que estén en capacidad, dentro de una categoría específica, de prestar un servicio o suministrar un bien.

Una polémica surge sobre quién debe asumir los costos del registro. Las empresas de la órbita pública argumentan que deben ser éstas, quienes cancelen los costos. Por su parte las empresas privadas que han tercerizado el servicio, trasladan el costo al potencial contratista o proveedor; que en la mayoría de los casos es proporcional a los ingresos del oferente.

El portafolio de proveedores debe mantenerse actualizado y los proveedores en estado de alistamiento para contratar.

Lo anterior no significa que deba procederse a registrar a todo aquel oferente que exprese su interés en hacerlo. Un buen registro no implica necesariamente un elevado número de inscritos. Debería utilizarse el plan Anual de Compras y Contratación, como instrumento para definir si se registra o no a un oferente, dependiendo que para el ejercicio en curso, el PACC identifique una necesidad en particular, que corresponda con la especialidad del oferente.

Podría hablarse de 3 niveles de registro:

- Registro básico: Para aquellos proveedores y contratistas interesados en contratar con la empresa, pero para los cuales no se ha identificado una necesidad específica en el PACC. Solo deben suministrar información muy básica y generalmente no debe generar ningún costo para el interesado.
- Registro simplificado: Para aquellos proveedores y contratistas que prestan servicios o suministran bienes de bajo riesgo, impacto y costo, básicamente ubicados en el cuadrante de rutinarios y con quienes se puede suscribir una orden se servicio o de compra.
- Registro completo: Para aquellos proveedores y contratistas que prestan servicios o suministran bienes de alto riesgo, impacto y costo y con quienes debe suscribirse un contrato u orden de compra.

El registro es un proceso dinámico de tamizado que busca asegurar la «Debida diligencia» a proveedores y contratistas, agotando las siguientes etapas:

- Proveedores auto registrados, para aquellos bienes y servicios requeridos por la Empresa, según la información consignada en el PACC.
- Proveedores verificados en términos financieros, legales, experiencia y cumplimiento de exigencias en listas restrictivas.
- "Lista larga" de potenciales oferentes: Cobija un grupo amplio de oferentes, cuyos antecedentes indican que están en capacidad de desarrollar en forma satisfactoria un trabajo o servicio determinado pero que deben someterse a estudios y análisis más profundos. Es la base para la última etapa del

proceso, la "Lista corta" de proveedores idóneos para participar en un proceso específico.

Decisiones

¿Se dispone de acceso a un adecuado registro de proponentes, para satisfacer las necesidades de abastecimiento de la Empresa?

El registro de proponentes permite:
¿Mejor conocimiento del mercado?
¿Reducir el riesgo en la cadena de abastecimiento?
¿Reducir tiempos en los procesos de compras y contratación?
¿Incremento de oportunidades para contratos y proveedores?
¿Apalancar la excelencia operacional en el abastecimiento?
¿Se ha identificado un consultor para tercerizar el registro de proponentes?
¿Se realizan periódicamente reconocimientos del mercado que aseguren que nuevos contratistas y proveedores tengan la oportunidad de inscribirse en el registro de proponentes, enriqueciendo así el número de contratistas calificados y clasificados?
¿Se han agrupado las firmas en las categorías de bienes y servicios correspondientes?
¿Se consultan los registros de las Cámaras de Comercio?
¿Se han identificado ayudas complementarias como directorios especializados por?:
¿Actividad económica?
¿Industrias?
¿Profesiones?
¿Gremios?
¿Publicaciones especializadas?
¿Se apoya el registro de contratistas, en la evaluación de desempeño en contratos anteriores?
¿En el momento de analizar las ofertas, se evalúa la capacidad libre de contratación Z?

| Z = K - VCE |
| Z = Capacidad libre de contratación |

| K = Capacidad de contratación |
| VCE = Valor de los contratos en ejecución |
| Calculados todos en términos de salario mínimo mensual legal vigente: SMMLV |

¿Tienen los funcionarios de compras y contratación, fácil acceso al registro de proponentes, como por ejemplo información en línea?

¿Se ha revisado la cantidad de documentos exigidos para simplificar el proceso de inscripción?

¿En el caso de Grupos Empresariales, se cuenta con un solo registro de proveedores o se cuenta con varios registros de proveedores «así sea con el mismo contratista» que ocasionan?:

¿Visibilidad fragmentada de la información sobre oferentes?

¿Desgaste operativo y mayores costos para potenciales oferentes, que deben proceder a diligenciar más de un registro?

¿Redundancia o inconsistencia en la información, proveniente de distintos registros?

¿Mínima economía de escala en los costos administrativos y utilidad en los distintos contratos suscritos, con distintos proveedores de los servicios de registro?

¿Dificultad en la generación de reportes consolidados?

¿Se ha revisado el análisis financiero de los potenciales oferentes, reconociendo que algunos registros disponibles en el mercado, adolecen de profundidad en el análisis?

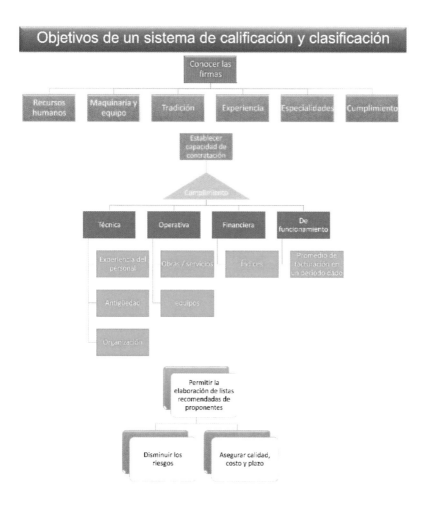

La investigación de mercados / lista recomendada de oferentes idóneos

Nociones

La investigación de mercados supone recolectar, analizar, registrar y disponer en forma objetiva, sistemática información para lograr de manera acertada el suministro de información para planear y tomar decisiones relacionadas con:

- Las necesidades de la Empresa.
- La compra de bienes y servicios.
- La identificación, calificación y clasificación y selección de proveedores y contratistas.

El sondeo busca establecer:

- Si un grupo de empresas *no incluidas en el registro de proveedores,* estaría interesado en presentar oferta; si dispone de experiencia y capacidad técnicas y financieras en trabajos o servicios similares al propuesto; si cuenta con el personal, equipo y maquinaria necesarios y si inicialmente identifica excepciones a los términos generales del alcance de los servicios, plazo y personal previstos inicialmente.
- Si un grupo «lista larga» de potenciales oferentes proveniente *del registro de proveedores,* y que por procesos previos de calificación están «listos» para contratar en un momento específico, tiene capacidad disponible para prestar un servicio o suministrar un bien, no ha visto comprometidos sus indicadores financieros y cuenta con personal profesional y técnico disponible y equipos suficientes para la ejecución dentro del plazo previsto del contrato.

El análisis cuidadoso de las respuestas recibidas al sondeo de mercados, permitirá establecer la «lista recomendada de oferentes idóneos» que será aquel grupo homogéneo de firmas cuyas capacidades técnica, operativa, financiera, y de funcionamiento les permitirán presentar a consideración de la Empresa, en igualdad de oportunidades una oferta aceptable desde el punto de vista técnico y económico.

En contraposición a los expertos, se recomienda el sondeo o investigación de mercado, solo para identificar la capacidad técnica y antecedentes de los potenciales oferentes. Solo en contadas ocasiones para indagar sobre órdenes de magnitud de costos, precios o tarifas dejando muy en claro que:

- El manejo de la información es de carácter confidencial.
- Su propósito es prospectar presupuestos a nivel de factibilidad.
- Quienes respondan podrán ajustar precios al momento de conocer las condiciones reales y detalladas en las cuales se prestarán los servicios o se desarrollará la obra.
- Un oferente muy seguramente no comprometerá su posibilidad de competir exitosamente, suministrando sus mejores precios en una etapa temprana.

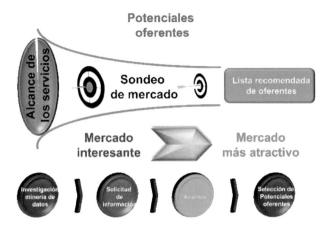

Una analogía a este proceso, la brinda un deporte como el fútbol, en el campeonato colombiano:

Decisiones

¿Se dispone de una descripción básica del Alcance de los Servicios?
¿Se conoce el valor y el plazo del contrato?

¿Se cuenta con un registro de proponentes; con directorios especializados o con antecedentes dentro de La Empresa para conformar la «lista larga de potenciales oferentes»?

¿Se indica que incluirá el documento de solicitud de ofertas?

¿Se establece de cuánto tiempo dispondrán para presentar oferta?

Se indican los requisitos particulares que debe cumplir el contratista seleccionado:

¿Licencias o permisos gubernamentales; equipos o personal especializado?

¿Se aceptarán consorcios?

¿Se solicita información sobre contratos similares desarrollados en cuanto a: objeto, localización, plazo, valor, etc.?

¿Se pide indicar recursos disponibles?

¿Se solicita a los potenciales oferentes, formular sus posibles excepciones a las condiciones básicas planteadas inicialmente en el documento de sondeo?

¿Se indica dónde deben enviar respuesta y el plazo máximo para la misma?

¿Se solicita manejo confidencial de la información?

¿Se solicita indicar razones, cuando no están interesados en presentar oferta?

¿Se establece cuál será la política de reajuste de precios?

¿Se confirma si el oferente tiene capacidad disponible y no está comprometido durante el tiempo previsto para llevar a cabo el

trabajo o prestar los servicios?
¿Se indica que no se trata de una precalificación?
¿Se ha preparado la tabla para tabular respuestas?

La estrategia para desarrollar un proceso de inteligencia empresarial desde la función de Abastecimiento, se muestra en el siguiente mapa mental:

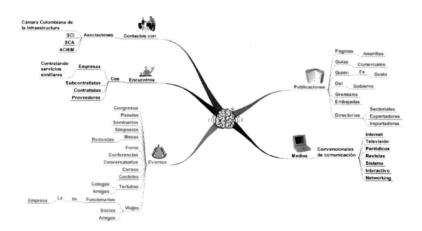

Documentos de solicitud de ofertas

Nociones

Un documento básico que se organice siguiendo una secuencia lógica de los distintos temas a tratar, conjuntamente con la normalización de algunas de las partes y la creación de hojas de trabajo o listas de verificación para el resto, permite un alto grado de flexibilidad a la vez que, conserva la uniformidad entre los documentos utilizados para cada uno de los procesos de solicitud de ofertas.

Esta disposición permite la preparación de una invitación de manera simultánea por varias personas, así como la preparación anticipada de ciertas partes. El sistema permite igualmente una revisión más rápida y eficiente al colocar los aspectos particulares de una invitación en una parte específica del documento básico.

Un aspecto importante de este documento es permitir que la oferta del proveedor seleccionado se convierta en un contrato aceptable, con la mínima dedicación de tiempo y esfuerzo.

Es el caso de las minutas de los contratos que constan de dos partes. Una denominada Parte General y otra Parte Especial. La primera contiene el clausulado estándar del documento respectivo. La Parte Especial contiene los acuerdos específicos y las particularidades propias del contenido o acuerdo que conste en el respectivo documento.

Para utilizar los modelos se deben seguir los siguientes criterios:

*   Bajo ninguna circunstancia se debe sobre - escribir o cambiar la Parte General.
*   Para estos efectos, la Parte Especial sigue la misma numeración de la General.

- En el proceso de elaboración del documento respectivo, el personal de Abastecimiento puede modificar únicamente las cláusulas que están previstas como modificables en la Parte General y que, en consecuencia, encuentran su equivalencia en la Especial. La modificación consiste en incluir los datos necesarios para completar la cláusula, todo ello según las instrucciones que se encuentren en la Parte General.
- Las cláusulas que no están previstas como modificables en la Parte General y que no tienen su equivalencia diseñada en la Especial, solo pueden ser modificadas previa consulta y aprobación del área jurídica de la Empresa.

Ejemplo: En la Parte Especial de todos los contratos, se encuentra la siguiente cláusula:

3.2 Duración y plazo

El Plazo del CONTRATO será el consagrado en la Parte Especial……..

Su equivalencia en la Parte Especial figura de la siguiente forma:

En consecuencia, si el plazo del contrato es de dos años, éste se incluye en la cláusula 3.2. de la Parte y no se modifica la cláusula 3.2. de la Parte General.

De acuerdo con lo anterior, una vez hayan sido llenados todos los espacios que se encuentran en blanco en la Parte Especial, el contrato estará debidamente diligenciado.

La función de Abastecimiento tendrá a su cargo la conformación de los documentos de solicitud de ofertas; el cliente interno será responsable por la preparación del alcance de los servicios, la elaboración de especificaciones técnicas y planos y la determinación de los criterios o factores para la evaluación de las ofertas técnicas, cuando fuere el caso. Los oferentes o concursantes son responsables por el diligenciamiento de los formularios que conforman la oferta.

La diapositiva siguiente contrasta los documentos utilizados en cada una las distintas etapas del proceso:

La tabla siguiente describe las responsabilidades en la preparación de los documentos de solicitud de ofertas, los originadores de la información y las etapas en la cuales utilizarse o incluirse los documentos mencionados:

Responsabilidades en la preparación de documentos de solicitud de ofertas								
Documento	Preparado por	Información proveniente de				Etapas		
		C&C	Cliente interno	Planeación (1)	Oferentes	Solicitud de oferta	Oferta	Contrato
Carta de invitación a oferentes	Compras & Contratos	x				x		
Modelo de carta de respuesta a la carta de invitación	Compras & Contratos	x				x		
Instrucciones a los oferentes	Compras & Contratos	x	x			x		

Macro proceso de selección de contratistas

Informaciones a los oferentes	Compras & Contratos	x	x			x		
Minuta del contrato (1)	Compras & Contratos	x				x		x
Precios y formularios del contrato: (2)								
Carta de presentación de la oferta	Compras & Contratos	x				x	x	
Cantidades y precios	Compras & Contratos	x	x		x	x	x	x
Análisis de precios unitarios fijos o de tarifas	Compras & Contratos	x				x	x	x
Prestaciones sociales legales y extralegales, expresadas como un porcentaje del salario	Compras & Contratos	x				x	x	x	x
Garantía de seriedad de la oferta (3)	Compras & Contratos	x				x	x	x
Justificación y valor del anticipo (3)	Compras & Contratos	x				x	x	x	x
Dirección para notificaciones	Compras & Contratos	x				x	x	x	x
Director de obras/servicios	Compras & Contratos	x				x	x	x	x
Organización	Compras & Contratos	x				x	x	x	x
Resumen de contratos ejecutados y en ejecución	Compras & Contratos	x				x	x	x
Información financiera (3)	Compras & Contratos	x		x		x	x	x
Certificados	Compras & Contratos	x				x	x	x
Programa o cronograma de la obra o de los servicios	Compras & Contratos	x	x			x	x	x	x
Estrategia y metodología para la ejecución de lo obra o prestación de los servicios	Compras & Contratos	x				x	x	x	x
Alternativas y/o excepciones a la solicitud de oferta	Compras & Contratos	x				x	x	x	x
Vehículos y equipos								
Descripción de los equipos	Compras & Contratos	x				x	x	x	x
Programa de utilización	Compras & Contratos	x				x	x	x	x
Alcances								
Especificación técnica y planos o	Cliente interno	x	x			x	x	x	x

descripción de los servicios									

(1) El área de Planeación de la Empresa puede suministrar programas, metas, estimativos y otros requisitos de control.
(2) Los formularios deben incluirse de acuerdo con las necesidades específicas de cada contrato Con el respaldo del área jurídica. Algunos formularios diligenciados por el oferente se utilizan para evaluar su oferta y no deben ser necesariamente incluidos en el contrato. Forma parte de la oferta económica

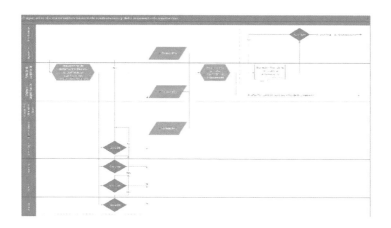

Decisiones

Cubren las instrucciones a oferentes, los siguientes tópicos:

¿Elaboración y presentación de la oferta?

¿Estudio de los documentos de la solicitud de ofertas y explicaciones a los oferentes?

¿Permisos y licencias?

¿Leyes y reglamentos?

¿Impuestos?

¿Mecanismos de las adenda?

¿Condiciones e inspección del sitio de la obra, o de los servicios?

Garantía de seriedad de la oferta:

¿Cuantía?

¿Vigencia?

Presentación de la oferta:

¿Técnica?

¿Económica?

¿Evaluación del oferente?

¿Pólizas de seguros y garantías?

¿Propuestas conjuntas o de consorcios?

¿Reajustes?

¿Retenciones?

¿Jornada de trabajo?

¿Evaluación de las ofertas?

Son consistentes los elementos siguientes:

¿Especificaciones técnicas o alcance de los servicios; los formularios de precios o tarifas y la medida y forma de pago?

Está orientada la parte de *Información a los oferentes,* a describir de manera general las condiciones del sitio de la obra o de los servicios:

¿Topográficas?

¿Climáticas?

¿Meteorológicas?

¿Logísticas?

Se ha repasado la minuta del contrato para confirmar los siguientes temas:
¿Se definió el objeto?

Se estableció el valor estimado del contrato:
¿Final?
¿Estimado?
¿Incluye el valor proyectado por los reajustes?
¿Se indica el plazo?
¿Se ha unificado su determinación en días calendario, eliminando referencias a semanas, meses o años?
¿Se especifica la posibilidad de efectuar modificaciones a través de otrosíes?
¿Se establece el carácter de contratista independiente?
¿Se determinan los representantes autorizados de las Partes contratantes?
¿Se indica cuál será el domicilio contractual?
¿Se indican los requisitos para permitirle al contratista subcontratar?

¿Se establecen las políticas especiales de La Empresa, a las cuales debe plegarse el contratista?
Se establece el alcance de patentes:

¿Información técnica y comercial; propiedad sobre la información de diseño?
¿Se hace referencia a las condiciones originales del sitio de la obra, o de los servicios y a sus variaciones en cuanto a responsabilidades de las Partes?
¿Se determina la existencia de planos de licitación, de

construcción, «tal como quedó construido» etc.?
¿Responsabilidad de las Partes?

Se hace necesario especialmente en el área de construcción cubrir los temas de:

¿Entrega, descargue y almacenamiento de materiales?
¿Inspección y pruebas?
¿Control y agilización de suministros?
¿Seguridad industrial?
¿Instalaciones de primeros auxilios?
¿Prevención de incendios?
¿Vigilancia?
¿Iluminación?
¿Eliminación de desechos?
¿Limpieza?

Se han determinado las condiciones para:

¿Posesión y utilización de trabajos parcialmente concluidos?
¿Conclusión y aceptación de la obra o de los servicios?

En la forma de pago y medida de la obra o de los servicios se ha establecido que:

¿Las actas de pago tienen carácter provisional en lo que se refiere a calidad y cantidad?
¿Se podrán hacer correcciones o modificaciones a actas anteriores? ¿Se podrá retener el valor de trabajos no ejecutados a entera satisfacción de La Empresa?
¿El contratista reconoce específicamente que los precios incluyen todos los costos directos e indirectos y en particular los costos sin remuneración específica en los documentos del contrato?
¿Existe un determinado porcentaje de retención? ¿Este porcentaje se ha analizado a la luz de las cuantías de las pólizas, en especial la de cumplimiento del contrato?
¿Es posible efectuar devoluciones periódicas de la retención, de acuerdo con el estado de los trabajos y cumplimiento del

contrato?

¿Los pagos se harán en moneda legal colombiana?

¿Si se han pactado pagos en dólares o en otras divisas, se ha fijado la manera de calcular su equivalente en pesos colombianos?

¿La tasa representativa del mercado corresponde al precio promedio de los certificados en la bolsa?

¿Existe la posibilidad de solicitar una revisión de precios, cuando las cantidades ejecutadas sobrepasen por exceso o por defecto, en un determinado porcentaje las cantidades originales?

¿Se podrán conceder anticipos previa justificación del contratista y establecimiento de la respectiva garantía para responder por el buen uso del anticipo?

¿Se manejará el anticipo en una cuenta bancaria conjunta?

¿Se exigirán como requisito para cancelar las facturas, copias autenticadas de los recibos por pagos efectuados por el contratista a favor de: I.S.S., Sena; I.C.B.F.; cajas de compensación?

Dentro de la información presentada con la oferta se cuenta con:

¿Formulario de cantidades y precios?

¿Análisis de precios unitarios fijos o tarifas fijas?

¿Precios unitarios para adiciones y reducciones en obras o servicios a precios por suma global?

¿Tarifas para cambios y trabajo adicional?

¿Tarifas de equipos y plantas de construcción, utilizados para cambios, trabajo adicional y tiempos de espera?

¿Discriminación de las prestaciones sociales del personal?

Programa del Contrato:

¿Barras de Gantt?

¿CPM?

¿Alternativas y/o excepciones a la solicitud de ofertas?

Programas de utilización de:

¿Personal?

¿Equipos?

¿Dirección para notificaciones?

¿Recuento profesional del director del contrato?

¿Diagrama indicativo de las instalaciones provisionales?
¿Organización?
¿Designación o nombramiento del personal directivo?
¿Estrategia y metodología para la ejecución de la obra o de los servicios?
¿Lista de subcontratistas propuestos?

¿Resumen de contratos similares ejecutados y en ejecución por parte del oferente?
¿Información financiera?
¿Certificaciones?
¿Otros requisitos?
¿Justificación y valor del anticipo?

Las especificaciones técnicas para diseño o construcción cubren:

¿Descripción breve de lo que comprende el trabajo?
¿Indicación de los rubros excluidos que normalmente estarían incluidos en un trabajo de la misma naturaleza?

Descripción técnica que incluya:
¿Descripción detallada del trabajo?
¿Criterios de diseño?

Normas, códigos y especificaciones aplicables:
¿Normas, códigos nacionales o extranjeros?
¿Otras especificaciones aplicables?
¿Planos e información básica?
¿Presentación de datos?
¿Soporte durante la fase de construcción?

Materiales:

¿Agrupación por disciplinas?
¿Eléctricos?
¿Metálicos?
¿Hidráulicos?

¿Características requeridas?

¿Muestras y ensayos?
¿Necesidades de inspección?

El alcance de los servicios en el caso de contratos misceláneos, debe configurarse desarrollando una metodología similar a la establecida en el punto anterior.

Memorando para evaluar ofertas

Nociones

El documento o memorando de evaluación de ofertas, recoge la metodología con base en la cual se procederá a evaluar y calificar las futuras ofertas, para seleccionar aquel o aquellos oferentes que presenten las mejores condiciones técnicas y económicas para la prestación de un determinado servicio o el suministro de un bien.

El documento de evaluación, se desarrolla para aquellos contratos que por su riesgo, impacto, valor o complejidad o estrategia así lo requieran.

Los términos del documento son responsabilidad de Abastecimiento. El cliente interno debe definir los parámetros de la evaluación técnica de las ofertas y quien contrata los parámetros para la evaluación de la oferta económica.

La definición de los criterios debe efectuarse, analizando la información solicitada a los oferentes en los formularios de la oferta.

Sucede muy frecuentemente que se definen criterios, para los cuales no se solicitó información o se pide información innecesaria porque no va a ser motivo de evaluación.

La determinación de los factores o criterios de evaluación de ofertas en relación con las singularidades del mercado pueden observarse desde dos ópticas principales:

- La mayor o menor exigencia de condiciones técnicas uniformes de un bien o servicio y el mayor o menor grado de investigación, desarrollo e innovación asociado al suministro de un bien o prestación de un servicio.

- El mayor o menor grado de capacidad operativa por parte del proveedor o contratista, y el mayor o menor grado de capacidad creativa requerido por parte de dicho proveedor o contratista.

El gráfico siguiente recrea estas dos condiciones:

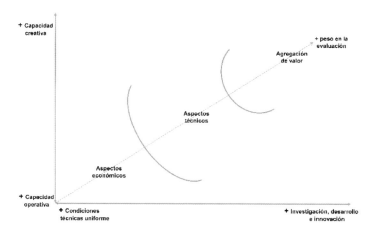

Las presiones de tiempo para adjudicar un contrato surgen por deficiencias en la planeación, bien sea porque el contrato vigente está próximo a expirar o, porque es necesario iniciarlo a la mayor brevedad, para asegurar el cumplimiento de un cronograma.

Estas circunstancias obligan muchas veces a efectuar la evaluación simultánea de las ofertas técnica y comercial. En este caso pueden surgir presiones indebidas, cuando la oferta económica más atractiva, no alcanza los mínimos puntajes establecidos en su componente técnico, y se tiende a flexibilizarlos para colocar la oferta técnica en condiciones satisfactorias.

La buena práctica, es iniciar el proceso de selección con la debida anticipación de tal manera que sea posible efectuar una evaluación escalonada «conocida como semáforo» de las ofertas: primero la técnica y luego la económica de aquellos oferentes, que pasaron la económica. En la primera fase al rechazar ofertas que no fueron satisfactorias desde el punto de vista técnico, muy posiblemente también se están descartando ofertas económicas muy altas o muy bajas, evitando la situación antes mencionada.

El documento de evaluación debe estar elaborado, con anterioridad a la entrega a los oferentes del documento de solicitud de ofertas.

Su manejo debe ser estrictamente confidencial.

Puede suceder que alguno de los evaluadores conozca información adicional de un oferente no incluida en su oferta y puede inclinarse a darle peso, evaluar o calificar un aspecto del oferente que éste no incluyó específicamente en su oferta, generando una inequidad con los otros oferentes.

Por otro lado conviene diferenciar los criterios o factores técnicos para evaluar las ofertas y los criterios de adjudicación. Los primeros regularmente definidos por el cliente interno, permiten ponderar o calificar las ofertas técnicas. Los segundos permiten dilucidar situaciones en las cuales, no se tiene claridad sobre a quién se debe adjudicar el contrato o cuáles precauciones debe tomar la Empresa, cuando la pluralidad de oferentes se ha visto comprometida y la Empresa puede estar corriendo un riesgo mayor.

Situaciones de este tipo pueden darse cuando:

- Se establece la existencia de un empate en las ofertas económicas, cuando éstas se diferencian por debajo de un porcentaje pre definido de antemano «por ejemplo 3%»; en este caso el criterio establece que se adjudica a la oferta técnica con el mejor puntaje.
- A pesar que un proceso de solicitud de ofertas se inicie con pluralidad de oferentes, es posible que luego del ciclo de evaluación de ofertas, solamente una satisfaga con vacíos, los criterios mínimos establecidos. La Empresa puede reservarse el derecho de declarar desierto el proceso.
- Cuando la oferta mejor calificada, exceda el presupuesto esperado, la Empresa se reserva el derecho de negociar la oferta.

Decisiones

Se indican en el memorando los antecedentes del contrato o suministro:

¿Alcance de los servicios?
¿Responsabilidades del Contratista o del consultor?
¿Compañías incluidas en la «lista larga» y la lista de compañías invitadas?
¿Fechas establecidas para las distintas fases del Plan de Contratación?
¿La modalidad del contrato?

Se indican los criterios de adjudicación:

¿La evaluación técnica identifica las firmas que satisfacen las condiciones exigidas?
¿Se define la manera como se descartarán las ofertas que presenten deficiencias u omisiones?
¿En caso de igualdad de condiciones técnicas, se preferirá la oferta que ofrezca mejor precio?
¿En caso de igualdad de precios, la que contemple las mejores condiciones globalmente consideradas?
¿En caso de igualdad de condiciones técnicas y precios, se tendrá en cuenta la distribución equitativa de los negocios?

En la evaluación:

¿Se indican los procedimientos para verificar dentro de la parte técnica que los oferentes han diligenciado correctamente los formularios de la oferta?
¿Disponen las compañías de los permisos y licencias para prestar los servicios?
¿Se suministró la garantía de seriedad de la oferta?

La evaluación técnica considera factores como:

¿Comparación de los diseños básicos propuestos; si aplica?
¿Comparación de los programas presentados por los oferentes?
¿Comparación de los equipos ofrecidos en cuanto se refiere a: calidad, cantidad y capacidad?
¿Calidad del personal ofrecido?
¿Confiabilidad en la mano de obra ofrecida?

En la oferta económica:

¿Se mide el impacto que sobre el costo del contrato, pueden tener las excepciones planteadas en materia de diseños, materiales, sistemas constructivos, plazos, formas de pago, etc.?

Los parámetros para la evaluación técnica dependiendo del tipo de servicio deben cubrir aspectos tales como:

Personal:
¿Experiencia del director?
¿Experiencia del personal técnico?
¿Antigüedad del oferente?
¿Contratos ejecutados o en ejecución?
¿Equipo?
¿Programa de HSE?
¿Programa de mantenimiento?
¿Control de adquisición y abastecimiento de repuestos, insumos, combustibles?
¿Vigilancia?
¿Información de los subcontratistas?
¿Estrategia y metodología para la prestación de los servicios?
Evaluación de ofertas, recomendación de adjudicación y reunión de pre adjudicación

Nociones

Una vez recibidas las ofertas, se procede a seleccionar el mejor oferente, formulando la recomendación correspondiente.

La evaluación de ofertas debe desarrollarse, ajustándose a lo establecido en el memorando de evaluación, antes comentado.

La recomendación debe sustentarse ante las instancias requeridas, de acuerdo con los niveles de autoridad establecidos en la Empresa, con base en el presupuesto o el grado de riesgo e impacto del proceso de compras o contratación.

Las actividades principales son:
* Obtener aprobación.
* Negociar condiciones (si aplica).
* Hacer revisiones funcionales.

Algunas empresas tienen una práctica no recomendable y es abrir las ofertas económicas de las empresas que no calificaron técnicamente, buscando referenciar el valor del oferente seleccionado; se crea así una presión inadecuada, cuando se encuentra una oferta con un precio inferior, desconociendo que si esta oferta se descalificó técnicamente, posiblemente lo fue porque no satisfizo las calificaciones técnicas exigidas y por consiguiente, su oferta sensiblemente más baja subestimó las condiciones mínimas esperadas por la Empresa.

Es conveniente considerar las causas de variabilidad que pueden estar presentes en esta fase:

* Revisiones reiteradas y desgastantes de las presentaciones.
* Muchas reservas de los entes que aprueban no explicadas/justificadas.
* Variación en el calendario de reuniones de los entes que aprueban.
* Deficiente formalización / difusión de los acuerdos de negociación post - proceso competitivo
* Archivos inadecuados.

A continuación un ejemplo de la estructuración de criterios y sus puntajes relativos, para evaluar un contrato de construcción:

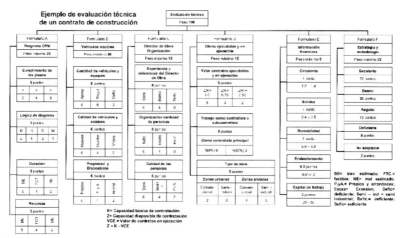

Ejemplo de evaluación técnica de un contrato de construcción

El ejemplo siguiente indica los criterios para evaluar las ofertas para servicios de transporte terrestre:

Puntos sobre 100	Aspectos	Puntos parciales	Criterio	Parámetro	Bajo	Medio	Alto	Real	Máximo	Total aspectos /100 puntos
40	Estratégicos		Experiencia en el sector	Número de clientes	< 5 / 1 punto	5 -10 / 5 puntos	> 10 / 8 puntos			
			Tradición	Número de años	1 - 4 / 1 punto	5 -7 / 3 puntos	> 8 / 6 puntos			
			Sistema de gestión de calidad	Grado de implantación	No tiene / 0 puntos	En proceso / 3 puntos	Implantado / 5 puntos			
			Asignación/	Cumplimiento	< 94% / 4 puntos	95 - 97% / 6 puntos	> 98 % / 100			
			Ubicación sede distancia al sitio de los servicios	Tiempo	> 2 horas / 2 puntos	1 - 2 horas / 5 puntos	< 1 hora / 8 puntos			
			Evaluación de subcontratistas	Proceso de marcha	No / 0 puntos		Sí / 3 puntos			
40	Técnicos		Cobertura parque automotor	Vehículos propios	< 49% / 3 puntos	50 - 69 % / 7 puntos	> 70% / 10 puntos			
			Certificación entrenamiento	Trámite de la certificación	No	En proceso	Sí			

		manejo defensivo			0 puntos	5 puntos	8 puntos		
		Estado parque automotor	Modalidad	Correctivo	Preventivo	Predictivo			
				5 puntos	10 puntos	15 puntos			
		Edad/modelo	Antigüedad del parque automotor	< 5 años	3 - 5 años	< 3 años			
				1 puntos	5 puntos	7 puntos			
20	Comerciales	Efectividad "Feed back"	Evaluación del servicio	Llamadas por teléfono	Reportes escritos	Visitas			
				1 puntos	3 puntos	4 puntos			
		Sistema de rastreo	Disponibilidad	No		Sí			
				0 puntos		4 puntos			
		Servicio al cliente	Nivel de respuesta	>72 horas	24 – 72 horas	< 24 horas			
				6 puntos	9 puntos	12 puntos			

Como resultado de la evaluación de ofertas y de las recomendaciones a los entes requeridos de aprobación, es posible que persistan temas que deben ser aclarados con el potencial oferente seleccionado en una reunión previa a la adjudicación, como por ejemplo: Desviaciones de las especificaciones técnicas o del alcance de los servicios; excepciones a la minuta del contrato; puntos pendientes de aclaración.

Es importante anotar que esta reunión es la oportunidad para acordar un plan de mejoramiento como se describe en los párrafos siguientes:

Se desconoce una buena práctica que surge como resultado de la evaluación de las ofertas técnicas.

Cuando se evalúa cada criterio técnico, surge una brecha entre el puntaje máximo esperado de calificación de dicho criterio y el asignado al oferente por el equipo calificador. Dicha brecha es susceptible de ser mejorada, especialmente en contratos suscritos a mediano plazo, 3 o más años.

La estrategia consiste en solicitarle al mejor oferente, antes de adjudicar el contrato «un plan de mejoramiento» que permita superar o salvar las brechas identificadas. Estos planes deberán plantearse en contratos críticos o de alto impacto para la Empresa.

Pueden establecerse dos mecanismos para acordar el plan:

- Como obligación contractual, en cuyo caso debe estar descrito con el detalle requerido, en el documento de solicitud de ofertas.
- Como un pacto de caballeros, suscrito antes de perfeccionar el contrato.

El plan de mejoramiento estará sujeto a seguimientos periódicos.

Decisiones

¿Cuál es el oferente que ofrece la mejor combinación de términos técnicos y económicos para la ejecución del trabajo o la prestación de los servicios?

Se ha definido un sistema para manejar las preguntas que surjan durante la etapa de evaluación, buscando:

¿Un trámite oportuno de preguntas y respuestas?
¿Manejo confidencial?
¿No duplicar preguntas?
¿Que las partes involucradas estén debidamente informadas?
¿Mantener un punto único de contacto con los oferentes?
¿Los mensajes cruzados, sean mantenidos por escrito?

¿Excepcionalmente se efectuarán reconstrucciones telefónicas, cuando se traten temas por teléfono?
¿Se han clasificado las preguntas, de acuerdo con su grado de influencia en la modificación o ajuste de los términos de la oferta?

Preguntas que deben resolverse a la mayor brevedad posible porque:

¿Podrían influenciar sustancialmente la elección del oferente?
¿Permiten obtener una mejor oferta como consecuencia de la competencia entre los oferentes?
¿Pueden tener un efecto sustancial en el programa o en el costo?

Temas de prioridad intermedia que deben resolverse antes de la

celebración del contrato

Preguntas cuya solución puede ser de algún interés, con posterioridad a la celebración del contrato y que solo tienen influencia mínima en el precio, la calidad, los programas o los términos del contrato.

¿Los oferentes han aceptado de antemano que pueden ser llamados a una reunión previa a la adjudicación, a fin de suministrar informaciones adicionales a las exigidas en la solicitud de ofertas?

La revisión de las ofertas ha considerado actividades como:

¿Determinar con una lectura cuidadosa, las capacidades de los oferentes para ejecutar los servicios?
¿Establecer las áreas que requieren información adicional o aclaraciones?
¿Corrección de errores aritméticos en la oferta económica?

¿Estudiar las excepciones propuestas?

En caso de contratos con condiciones especiales, se ha considerado necesario efectuar visitas a los oferentes para establecer:

¿El estado, capacidad y disponibilidad de determinados equipos y maquinaria?
¿La existencia de materiales?
¿La disponibilidad de áreas de almacenamiento y bodegas?
¿La existencia de medios de transporte?
¿En el caso de contratos de consultoría, se ha previsto la posibilidad de entrevistar profesionales y técnicos ofrecidos?

La recomendación de adjudicación cubrirá por lo menos:
¿Antecedentes?
¿Alcance del trabajo?
¿Firmas invitadas?
¿Firmas que no presentaron ofertas y el por qué?
¿Cumplimiento de los requisitos?
¿Evaluación técnica?
¿Situación financiera?
¿Evaluación económica?

¿Consideraciones sobre reajustes?
¿Anticipo?
¿Fecha de vencimiento de la garantía de seriedad de la oferta?
¿Recomendación?
¿Actividades siguientes?
¿En el caso de la reunión de pre adjudicación se levantará un acta de los temas tratados?

¿Han firmado los participantes en la evaluación de las ofertas, una declaración de manejo confidencial de la información?

Adjudicación del contrato, notificación y perfeccionamiento

Nociones

Esta actividad constituye la culminación del proceso previo a la celebración del contrato, documento que establecerá los derechos y obligaciones de las Partes contratantes.

Como práctica, se acostumbra emitir una comunicación, mediante la cual se adjudica el contrato.

Cuando se requiere iniciar la obra o los servicios, sin que se hayan perfeccionado los detalles del contrato, una práctica utilizada por muchas compañías multinacionales dedicadas a la construcción de grandes proyectos, consiste en entregar al contratista seleccionado una «carta de intención», la cual hace referencia a las condiciones básicas del contrato.

El mecanismo no es del agrado de las áreas jurídicas pero se constituye en una especie de «puente» de tipo contractual que por una parte le da seguridad al contratista sobre la futura relación comercial y le permitirá adelantar tareas relacionadas con actividades de movilización y arranque de la obra o de la prestación de los servicios y, por otra le permite a la Empresa no retardar los cronogramas previstos en sus pronósticos internos.

Algunas empresas tiene previsto en sus procedimientos, la opción de negociar casi siempre con el oferente seleccionado. Esta opción que busca innegablemente mejores condiciones técnicas y especialmente económicas para la Empresa entraña un riesgo: cuando esta práctica se hace del dominio público, los oferentes se inclinarán a incrementar el valor de sus ofertas y reducirlo a su nivel real, al momento de tener que negociarlas. El equipo negociador queda con la sensación de haber logrado ahorros para la Empresa, desconociendo que la oferta ganadora se mantuvo en los niveles del mercado.

Las principales actividades previstas en esta fase son:

- Enviar carta de adjudicación al oferente seleccionado.
- El contratista debe perfeccionar el contrato «firma y suscribe las pólizas y garantías».
- Preparar y enviar notificación del contrato al cliente interno.
- Asegurar una adecuada transferencia del contrato al cliente interno.
- Organizar y archivar documentación del proceso.
- Devolver las ofertas económicas a quienes no calificaron técnicamente y las garantías de seriedad de oferta a los no favorecidos.

Decisiones

¿Se ha modificado el texto de la minuta para reflejar los cambios y adiciones convenidos en la reunión de pre adjudicación?

La comunicación de adjudicación que se enviará al oferente seleccionado contiene:

¿Referencias al contrato adjudicado?
¿Número o código?
¿Objeto?
¿Plazo?
¿Monto de la adjudicación?
¿Fecha probable de iniciación de los servicios o de la obra?

Se ha efectuado con el soporte del área legal el estudio y análisis de:

¿Escritura de constitución?

¿Autorizaciones?
¿Poderes?
¿Constancias?
¿Permisos o licencias?

¿Es necesario que el contratista inicie los servicios antes que el contrato haya sido debidamente perfeccionado y se requiere una carta de autorización?

Recibido el contrato perfeccionado por el contratista se ha verificado que:
¿Devolvió el original?
¿Conservó copia?
¿Se autenticaron las firmas de los representantes legales, si así se ha dispuesto?
¿Se recibieron las pólizas y garantías de seguros exigidas en el contrato?
¿Perfeccionado el contrato, se procedió a notificar la adjudicación a los oferentes no favorecidos, devolviendo simultáneamente las garantías de seriedad?

Reunión con los oferentes no favorecidos

Nociones

Es una necesidad sentida de quien contrata asegurar el acceso y la disponibilidad de contratistas en capacidad de prestar servicios y suministros de acuerdo con los patrones y estándares establecidos.

Por la razón anterior, no se entiende que esta buena práctica genere equivocadamente suspicacias y temores en muchas empresas, desconociendo que un oferente que conoce sus puntos débiles, estará en condiciones de mejorar sus ofertas en próximas oportunidades.

Es además uno de los momentos de verdad, más importantes en la relación con un grupo de interés de la Empresa, el de los potenciales contratistas. La reunión se constituye en un componente del ciclo de mejoramiento que busca que aquellos oferentes no favorecidos, permanezcan interesados en participar en nuevos procesos de solicitud de ofertas que desarrolle la Empresa en un futuro.

La reunión debe realizarse de manera individual con cada uno de los oferentes no favorecidos. Solo debe realizarse una vez el contrato con el oferente seleccionado esté debidamente perfeccionado «suscrito por las Partes contratantes y recibidas las pólizas de seguros y garantías». De otra manera, si por alguna razón el contrato no se perfeccionó y ya se realizó la reunión con los oferentes no favorecidos, el proceso de solicitud de ofertas ha concluido y sería improcedente por ejemplo, llamar al segundo en el orden de elegibilidad para negociar con él.

La reunión requiere de una adecuada preparación y en ella deben participar los delegados del cliente interno y de Abastecimiento que participaron en el proceso y tienen un conocimiento detallado del mismo. No tiene objeto, realizar la reunión mucho tiempo después con la participación por parte de la Empresa, de personas que no participaron en el proceso.

La reunión debe concentrarse en retroalimentar al oferente sobre aspectos cualitativos sin efectuar comparaciones cuantitativas, porque en este último caso se puede revelar de manera inadvertida, información sobre los competidores restantes, que debía haberse mantenido con carácter reservado.

Las reuniones con los oferentes no favorecidos se recomiendan en los siguientes casos:

- Cuando hayan presentado una propuesta finalmente no favorecida. En este caso la reunión se utiliza para informarle por qué no se celebró contrato con él y darle la oportunidad de brindar las explicaciones que crea conveniente. Es la más frecuente.

- Después de un proceso largo con poco o ningún éxito en obtener contratos; en este caso se le indica al oferente sus puntos fuertes y débiles. Este tipo de reunión es presionado algunas veces, porque el oferente ha expresado su disgusto o preocupación por su falta de éxito.

- A la terminación de un contrato para indicarle su desempeño y solicitarle su impresión sobre el desempeño de la Empresa como contratante.

Las memorias deben elaborarse, una vez terminada la evaluación de las ofertas, aprovechando que la información está fresca y los participantes en el proceso están disponibles.

Decisiones

¿Se ha efectuado una preparación cuidadosa y detallada como prerrequisito para garantizar una reunión efectiva?

¿Se tiene presente que los temas son sensitivos y deben ser tratados con tacto y de manera constructiva?

¿Se centra el análisis en temas sustanciales?

¿Se ha preparado una agenda con los temas a tratar, para ser revisada por quienes participarán en la reunión?

¿Se han distribuido copias de la agenda a otros grupos y a personal directivo?

Se ha ajustado la agenda para:

¿Iniciar la reunión con un repaso general de la manera como La Empresa evalúa las ofertas según el tipo de evaluación?

Continuar con una revisión de los aspectos básicos como:
¿Necesidad de recursos extraordinarios?
¿Condiciones inusuales?
¿Capacidad o experiencia especiales requeridas?
¿Alternativas solicitadas?

Repasar la oferta, indicando:

¿La manera como se ciñó o no al documento de solicitud de ofertas?

¿El grado de colaboración recibida del oferente durante el proceso de aclaración de la oferta?

Los comentarios sobre las ofertas cubren temas como:

¿Niveles generales de precios, sin hacer comparaciones cuantitativas con otros oferentes?

¿Nivel y naturaleza de las excepciones a los documentos contractuales?

¿Capacidad para desarrollar el trabajo? En ingeniería, gerencia y equipo, etc.

¿Calidad del personal ofrecido?

¿Planes preliminares de ejecución?

¿Puntos débiles y fuertes?

Bibliografía

Marco del Abastecimiento

- Política de compras y contrataciones de bienes y servicios para la Empresa de Energía de Bogotá S.A. ESP.
- http://ecr-all.org/wp-content/uploads/GCI_NWWT_Final.pdf

Entorno corporativo

- Módulo 1. Conocimiento del entorno corporativo Sistema Modular de Formación Internacional en Gestión de Compras y de la Cadena Suministros. Centro de Comercio Internacional. UNCTAD/OMC.
- Misión: competitividad. Taller con Michael Porter. Hacia una Colombia más competitiva. Bogotá octubre 5 y 12. Cartagena octubre 20 y 21, 2005.
- Demand management. PSCM codified knowledge summary. Mike Wilson. PSCM navigator. BP.
- A clear route to functional excellence defining and forming sector teams and developing sector strategies. PSCM navigator. Knowledge and development. 2006.
- VISIÓN 2020. Ideas para compras en 2020 por sector ejecutivos líderes del abastecimiento. A finales de 2010, Ariba aunó esfuerzos con algunos de los principales profesionales y personas influyentes de compras para iniciar un diálogo con dos grupos de ejecutivos de compras. El objetivo fue iniciar un diálogo sobre el futuro de las compras y crear una hoja de ruta para llegar hasta él.
- Comprensión del entorno. Ventajas competitivas para la Empresa. Fascículo 15. Universidad, ciencia y desarrollo. Programa de divulgación científica. Universidad del Rosario. Acreditación institucional de alta calidad. Ministerio de Educación Nacional.

Arquitectura en la organización de la función de Abastecimiento

- Administración de Compras y Materiales. Michiel Leenders. Harold E. Fearon. Wilbur B. England. Grupo Editorial Patria.
- Compras. Principios y aplicaciones. Salvador Mercado. Editorial Limusa.
- Compras un enfoque estratégico. Leonel Cruz Mecinas. Sistema de compras. McGraw-Hill.
- GEB organización abastecimiento.

Debate «Licitación o solicitud de ofertas»

- BP modelos de contratos y guía interna.

Relacionamiento y desarrollo de oferentes, proveedores y contratistas

- Taller servicio al cliente. Intercor.
- Programa Progresando de la Empresa de Energía de Bogotá orientado a articular e integrar una red de voluntarios dentro de la cadena de valor del Grupo, que permitiera disminuir las brechas y fortalecer la competitividad de las medianas, pequeñas y microempresas, a través de componentes únicos en términos de impacto, sostenibilidad e innovación.
- Estrategia para la gestión del entorno. Hacia la paz y la prosperidad compartida. Ecopetrol.
- Los gobiernos tiene el poder de migrar hacia economías verdes. Diario El Tiempo. Medioambiente. Sábado 18 de noviembre de 2017.

El triángulo virtuoso del Abastecimiento

- Módulo 2. Especificación, requerimientos y plan de suministros. Sistema modular de formación internacional en gestión de compras y de la cadena de suministros. Centro de Comercio Internacional. UNCTAD/OMC.
- Controversia por el pliego que acaba las licitaciones amañadas. Diario El Tiempo. Sábado 11 de noviembre de 2017.

- Proyecto de ley de infraestructura pasó en el congreso. Según la Sociedad Colombiana de Ingenieros (SCI), servirá para frenar la corrupción. Diario El Tiempo. Martes 21 de noviembre 2017.

Programa marco de reconocimiento profesional para la gestión de la cadena de abastecimiento

- Professional recognition programme framework for upstream supply chain management. Upstream supply chain management leadership.
- BP professional career progression map procurement & supply chain management.

Diagnóstico de competencias

- Developing the PSCM Function - The Template of Excellence. YSC & IBM.

Entrenamiento y capacitación

- Excellence in Supply Chain Management. By Professor Andrew Cox.

Categorías

- Point of view category management. Marjolein Dijkshoorn. Sydney, October 2012. Capgemini. Consulting, technology, outsourcing. http://es.slideshare.net/mdijksho/po-v-category-management-v10-final.
- Category Management in Purchasing. A strategic approach to maximize business profitability. First published in Great Britain and the United States in 2009 by Kogan Page Limited. Second edition 2012. Jonathan O'Brien. http://samples.sainsburysebooks.co.uk/9780749464998 sample 319337.pdf.
- Gestión por categorías. Una integración eficiente entre fabricantes y distribuidores. 1a edición. Ángel María del Castillo Puente. NETBIBLO, S. I. A Coruña, 2004. ISBN: 84-9745-X. Formato 17 x 24 cm. * páginas 176.

- http://es.slideshare.net/wolakjoa/the-essence-of-category-management.
- http://www.slideshare.net/eipmadm/eipm-category-management-the-globallocal-perspective.
- http://en.wikipedia.org/wiki/Category_management. ¿El futuro de Compras está en la Gestión por Categorías? (parte I). Miguel Benítez Presidente AERCE Cataluña.
- Proceso de la gestión por categorías: Asociación Española de Codificación Comercial - AECOC - 2000.
- The state of the art of category management CIPS Australasia. Matthew Perfect. Principal Consultant. Melbourne, March 2011.
- Resolución Número 000139 (Nov. 21 De 2012) por la cual la Dirección de Impuestos y Aduanas Nacionales «DIAN, adopta la Clasificación de Actividades Económicas» CIIU revisión 4 adaptada para Colombia.
- Clasificación industrial internacional uniforme de todas las actividades económicas. revisión 4 adaptada para Colombia. CIIU revisión 4 A.C. DANE.
- Recomendación sobre surtido eficiente. Comité de Marketing - Merchandising de AECOC. Octubre 1999.
- Articulación de categorías para el sector de tuberías. José Luis Pinzón. 2014.

Plan Anual de Compras y Contratación - PACC -

- Revista COMPRADOR. La publicación estratégica en compras y contratación. Un producto Channelplanet. Año 2 cuarta edición. Octubre/noviembre 2012. Metodología para el plan anual de compras y contratación: Marcando el éxito de la gestión de abastecimiento.
- http://issuu.com/channelplanet/docs/revistacomprador04.
- Sistema modular de formación internacional en gestión de compras y de la cadena de suministros módulo 4 desarrollo de estrategias de suministro.
- Desarrollos logrados por Empresa de Energía de Bogotá y Transportadora de Gas Internacional «TGI» en sus áreas de abastecimiento.

- Estrategias y Plan de Contratación Junio 1997. BP Exploration Piedemonte Fase I. División Contratos.
- Estrategias y Plan de Contratación Diciembre 1996. Departamento de Materiales y Contratación. Intercor.

Potencialización del modelo de posición del aprovisionamiento

- Informe financiero Aplyca Tecnología S.A.S.
- Informe empresa proveedora, ejemplo de Colombia Credit Report.
- Informe financiero, ejemplo de Dun & Bradstreet.
- Informe ficticio de proveedores, ejemplo de Experian Byington.
- Informa Colombia.
- Quarterly Performance Review QPR. BP Exploration.
- Módulo 4. Desarrollo de estrategias de suministro. Sistema modular de formación internacional en gestión de compras y de la cadena de suministros.
- Sesión capacitación diseño de indicadores (Key Performance Indicators) H.C.C.
- Indicadores de gestión en compras y abastecimiento. Herramientas para evaluar la gestión estratégica de compras a través de indicadores. Iván Alviar Machado. Incolda Cesa.
- Indicadores de Gestión McDonald´s. McDonald´s Latinoamérica. Francisco Ospina D. Redes de Valor Latinoamérica 2005.
- The new performance challenge measuring operations for world - class competition.
- J. Robb Dixon. Alfred J. Nanni, Jr. Thomas E. Vollman. Business One Irwin Burr Ridge, Illinois New York, New York. Richard D. Irwin, Inc.

Bases de remuneración: Estructuras de costos

- Asociación de Ingenieros Consultores Colombianos. Manual para contratación de consultoría. Consultoría. Asociación de Ingenieros Consultores Colombianos. No 9. Bogotá.
- Germán Urdaneta Hernández. (Primera edición 1996, segunda impresión abril 1996, edición especial junio 1997). Licitar...... para ganar. Bogotá.
- Carlos Suárez Salazar. Costo y tiempo en edificación. Editorial Limusa Grupo Noriega editores. México.
- María Zulema Vélez Jara. Diseños baratos, una espina de muerte. Fecha y medio impreso indeterminados. Bogotá.
- Bernardita Espinoza. TRANSELEC SA. (Abril 2013). Conferencia Procesos de licitaciones y contrataciones proyectos energéticos definiciones y sus riesgos actividades por etapas y sus riesgos. Gestión integral de Procurement y Supply Chain en la industria energética. Bogotá.
- Imprevistos deben estar en presupuesto. http://www.eltiempo.com/archivo/documento/MAM-4813921.

Estrategias

- VISIÓN 2020 Ideas para compras en 2020 por sector ejecutivos líderes del abastecimiento. A finales de 2010, Ariba aunó esfuerzos con algunos de los principales profesionales y personas influyentes de compras para iniciar un diálogo con dos grupos de ejecutivos de compras. El objetivo fue iniciar un diálogo sobre el futuro de las compras y crear una hoja de ruta para llegar hasta él
- Técnicas de compras Clélio Fueres Monte Alto, Antonio Mendes Pinheiro, Paulo Caetano Alves. FGV publicacóes, Editora.
- Comprensión del entorno. Ventaja competitiva para la Empresa. Fascículo 15. Universidad, ciencia y desarrollo. Programa de divulgación científica. Universidad del Rosario. Acreditación institucional de alta calidad. Ministerio de Educación Nacional.
- Sistema Modular de Formación Internacional en Gestión de Compras y de la Cadena Suministros módulo 1 conocimiento del entorno corporativo.

- Demand management. PSCM codified knowledge summary. Mike Wilson. PSCM navigator. BP
- A clear route to functional excellence defining and forming sector teams and developing sector strategies. PSCM navigator. Knowledge and development.
- Demand management analogy with Porter's diamond. BP.

Solicitud de contratación

- Check List para definición de alcance técnico de servicios. Contugas, Perú.

Registro de proponentes y listas «largas» de potenciales oferentes

- Sistema de gestión de información de proveedores. Grupo Energía de Bogotá. Dirección de Compras. Diciembre 2012.
- La investigación de mercados / lista recomendada de oferentes idóneos.
- La investigación de mercadeo a su alcance serie de conocimientos prácticos. Jairo Tapias administrador de empresas postgrado en mercadeo. Editorial Norma Bogotá Colombia.
- Investigación de mercados. Investigación comercial: proceso y errores. Técnicas de análisis multivariable. Ejemplo de aplicación: segmentación del mercado de las familias según preferencias financieras. Biblioteca IESE de gestión de empresas. Universidad de Navarra. P. Agell - J.A. Segarra. Ediciones folio, S.A.
- Acciones de inteligencia corporativa. Ignacio Arizmendi. Revista Cromos.

Documentos de solicitud de ofertas

- BP modelos de contratos y guía interna.
- Memorando para evaluar ofertas

- Factores de evaluación de ofertas. 2 criterios para la asignación de puntaje. Libro del modelo operativo. Programa de trasformación empresarial de Ecopetrol.

Evaluación de ofertas, recomendación de adjudicación y reunión de pre adjudicación

- Programa Formación de Auditores Internos de Calidad y Diplomado Gestión de la Calidad Modelo ISO 9000. ICONTEC. Bogotá.

Iván Pinzón Amaya

Acerca del autor

Soy ingeniero civil colombiano, dedicado por casi 40 años a aprender sobre abastecimiento estratégico y logística en el sector energía: carbón, petróleo, transmisión de energía y transporte de gas. Profesor universitario, consejero y conferencista. Sin ser periodista ni escritor, desde el punto de vista personal, vengo incursionando en plataformas digitales para compartir la pasión que siento por estos temas, expresando mis experiencias, investigaciones, ideas, desarrollos, sugerencias y reflexiones al respecto.

Made in the USA
Middletown, DE
08 January 2022

58170649R00142